互联网金融+
柏亮 主编

A HANDBOOK
FOR P2P LENDING

P2P借贷
投资人手册

零壹财经/著

人民东方出版传媒
東方出版社

编写人员[①]

课题组组长：　　柏　亮

本书主笔：　　李耀东

课题组成员：　　李耀东　潘瑾健　张筱铃　奚玉莉　岳　军　刘博谦　曲健东　左文辉

研究单位：　　零壹财经

零壹研究战略合作单位：宜信公司

本课题研究合作单位：合拍在线（深圳市合拍在线互联网金融服务有限公司）

你我贷（上海嘉银金融服务有限公司）

---

① 零壹财经在本课题研究中得到相关合作机构的大力支持，但研究过程、研究结论均保持独立，零壹财经对本书的独立性、准确性负责。

数据合作单位

（按平台名称拼音顺序）

爱钱进（北京）信息科技有限公司（爱钱进）

安投融（北京）网络科技有限公司（爱投资）

君安信（北京）科技有限公司（安心贷）

上海点荣金融信息服务有限责任公司（点融网）

深圳市合拍在线互联网金融服务有限公司（合拍在线）

深圳市红岭创投电子商务股份有限公司（红岭创投）

北京乐融多源信息技术有限公司（积木盒子）

北京捷越联合信息咨询有限公司（捷越）

上海嘉银金融服务有限公司（你我贷）

上海诺诺镑客金融信息服务有限公司（诺诺镑客）

深圳市人人聚财金融信息服务有限公司（人人聚财）

深圳投哪金融服务有限公司（投哪网）

中微（北京）信用管理有限公司（微金所）

宜信公司（包括宜信 P2P、宜人贷、宜农贷等平台）

北京弘合柏基信息科技有限责任公司（有利网）

上海证大金融信息服务有限公司（证大财富）

深圳市中汇盈金融服务有限公司（中汇在线）

"零壹财经书系"总序
零壹财经：互联网金融 +

莱布尼茨发明的二进制计数法成为计算机程序的运行基础，引领我们进入了互联网世界。莱布尼茨说："1 与 0，一切数字的神奇渊源。这是造物的秘密美妙的典范。"

"零壹财经书系"可以定义为"互联网金融 +"系列书籍，发端于互联网金融研究，用互联网思想和互联网金融的基本逻辑搭建内容体系。在我们的计划中，它具备以下基本特点：

第一，在研究和思考问题时，回归到无的状态（0），清零先入之见，用数据、事实描述事物的基本面目；

第二，关注事物的初始状态（1），尽最大努力厘清它的来龙去脉，注重基础，探望前沿；

第三，以互联网金融为主轴线，以开放、自由、协作、分享的互联网精神，创作、编写和翻译卓越的内容；

第四，基于主轴线丰富我们的内容（+），在比较有把握的情况下把“其他资产交易”、“其他行业”、“其他情况”接入到互联网金融的研究和思考框架之中；

第五，还有一些关于互联网和金融的思想性书籍和基础书籍；

第六，没有固定体例和口味。

至于“零壹财经”书系的动机和意义——莱布尼茨那句话里的每一个词汇都深深地吸引着我们：渊源、造物、秘密、美妙、典范。最小的粒子和最为浩瀚的世界，都以无尽的趣味引诱着我们。我们选择的入口很小，也不太小。

“零壹财经”是一个专注于互联网金融研究的团队。我们希望“零壹财经”的每一本书都淳朴、大方、谦卑、有力量。

柏亮

序
认清 P2P 理财，迎接草根金融的逆袭

2012 年，业界将其定位于互联网金融元年，因为这一年，基于互联网而起的金融业务，有了数字化的特征。也正是在这一年，一个普通民众非常陌生的事物，开始进入寻常百姓家的金融生活圈子，它，就是 P2P 网络借贷。

应该说，初始诞生于英国的这个新兴产物，并不太被国人所能接受，这是受制于当下中国整体外部金融政策环境与信用体系建设的历史原因所致，但是借助互联网这个神奇的工具，我们依旧发现了这对于普通草根阶层而言，真真切切是一个可以迎来金融理财逆袭的好东西。

金融作为这个互联网时代最后一块未被开发的蛋糕，因为 P2P 的诞生，将注定不再是特定富裕阶层的专属产品，所有草根民众都将是这场盛宴的参与者与分享者。

信息化的手段牵手金融业，与高科技联姻，汇聚民间闲散资金，

共享投资收益，使得 P2P 平台在这一波金融变革中得以异军突起，大有“忽如一夜春风来，千树万树梨花开”之势。

是一夜吞噬数十亿资产的魔鬼，抑或是中小微企业、广大进取型投资者的福音，对于 P2P 平台的标签实在太多。我们只想说，选择很重要，而选择来源于理性认知，通过这本手册，或将带您开启一段奇妙的 P2P 理财之旅，揭开 P2P 借贷平台三大神秘咒语。

富贵一定险中求吗？

这是老祖宗们财富积累的咒语。传统观念中，高回报总与高风险相生相随，在 P2P 行业生态圈中似乎也应验了这一点，不论是投资者、借款方和平台都在追求超常回报率，非理性选择使 P2P 很快落入了快速集资、携款跑路的恶性循环。请记住，风险是一定存在的，不能规避；而如何实现风险可测可控，将其维持在合理适度的范围内呢？平台，一个安全有保障的平台，尝试打破这一古老咒语，寻求健康、长效的发展模式。

一个有足够安全保障的平台，往往具有以下几大特征：

（1）交易公开透明，流程设计合理，投融资记录与资金流水完备；

（2）合同条款设计合理，平台安全认证齐全；

（3）不吸储，不设资金池，借款项目与投资一一匹配；

（4）利率回报合理，资金有做第三方托管。

是洸牌还是多米诺骨牌？

这是关于 P2P 平台的行业咒语。一半是火焰，时下每天都有一至两家的新生平台诞生；一半是海水，每个月内也有将近 20 家平台遽然倒下。在这种水火交融的行业趋势下，是躲不开的多米诺骨牌的诡异命运，还是在行业洗牌之下，成为屹立不倒的佼佼者？

我们应该清醒地看到，P2P 网贷这个行业在中国仍是新生事物，面对诸多的不规范及各式各样的参与主体，P2P 网贷也正在经历着这个大浪淘沙的过程，如何认清平台，清醒地保持合理的投资底线变得尤为重要。

我们有理由相信，经过一定的市场检验及合理的政策梳理与引导后，整个市场将逐步走向更加有序规范的未来，优秀的平台会脱颖而出，更多的中小平台将会被市场法则自然淘汰。

草根同样也有机会高收益？

基于现有的国内理财市场环境，大量的中低收入群体基本被排除在高端理财市场以外，动辄 50 万~ 300 万元的准入门槛，让很多草根望“门”兴叹，但是面对传统银行理财的微薄收益及证券、房地产市场的高风险，老百姓并没有太多可选择的余地。

CPI 高企之下，草根也有强烈的资产增值保值的迫切需求，P2P 网贷平台一手对接广大的中小微企业及个人融资群体，一手对接庞大的草根理财投资需求，恰恰可以满足低投入门槛而高收益回报的空间，让草根理财也不再只是简单。

服务与投资需求对接的过程中，仅仅是建立单纯的借贷关系，还是发展成长期的合作伙伴关系？这是“合拍在线”在内很多平台长久思考的问题，我们选择了后者，从拓展平台业务、开启企业宣传、建立品牌战略，一路走来，平台都以互利共赢的心态向平台的借、贷双方以及其他参与主体提供最大的收益关怀及信心支持。

或许现在的你只是朝九晚五的上班族，在理财的道路上踽踽独行，迷途茫然；或许你现在已经是专业的 P2P 投资者，对于平台的选择也还是“斩不断，理还乱”；又或许你是民营企业的经营者，对于企业的资金链一筹莫展。不管你扮演的何种角色，处在哪种困境，当你的脑海掠过对财富的追求，对梦想的追赶，你即将面临的是选择。选择来源于认知，认知中产生信任，实力又是建立信任的最大说服力。

拨开迷雾，穿过荆棘，P2P 平台带着大浪淘沙的气势席卷而来；惊涛拍岸，早期的风生水起并不意味着长久的盛世乾坤，在汪洋大海中前行，每一步都险象环生，留下的那个一定是强实力的证明。

从翻开这一页开始，你已经做出了选择。

张锴雍

合拍在线创始人

喜欢这篇序言？微信扫一扫就能分享。

目　录　CONTENTS

CONTENTS

主要人物简介：

小零——女，人称超级零，小壹的高中同学，经常被小壹取笑（原因你懂的）。

小壹——男，典型工科男,24 小时开启学霸 MODE，最大的爱好就是小零，不对，是取笑小零。经常帮助小零解决各种问题，终于，功夫不负有心人……

钱多美——土豪夫人，文艺少妇，P2P 借贷投资人，听说最近有点焦躁。

阿胡仔——前月光青年，现 P2P 借贷狂热投资人，有个“雷神”朋友小 Q，曾在帮助小 Q 投资的时候不幸中招。

A Handbook for P2P Lending

第一章 神秘的 P2P 借贷

你还在为明天的吃喝发愁吗？
这不能忍，必须去看看是什么不靠谱的东西。

两年前的一天晚上，指针恰好指向 12 点，小零正在网上查询第二天的零食攻略（据说这才是“超级零”外号的真正由来），一行奇怪的文字忽然蹦进来：“你还在为明天的吃喝发愁吗？”要命的是，这字丑也就算了，还七上八下的！

处女座的小零很不爽：“这不能忍，必须去看看是什么不靠谱的东西，就当我手贱了。”小零纠结了半天，终于带着一种“壮士一去兮不复还”的表情，点了下那个链接。链接飞速跳转向一个清新淡雅的网站，“谦军贷——宇宙第一 P2P 借贷平台”。

后来回忆时，小零说，这一点，改变了姑娘的后半生。

“瞎扯！”小壹不屑地说。

“会聊天吗？你知道什么叫 P2P 吗？你知道什么叫网贷吗？”

“闭嘴！”小壹随手就拖给小零一个 DOC 文件——“P2P 借贷萌琼指南”。

“你才萌琼呢，你们全家都萌琼，‘蛇精病’！”小零一边嘟囔着一边打开那个 DOC 文件。

啥是 P2P 借贷

P2P 借贷，又叫 P2P 网贷，或者直接简称网贷，是一种新鲜的网上借钱方式。举例来说，某店铺老板娘莉莉现在急需一笔 5 万元的周转资金，借期一年，愿意给 12% 的利息。这笔钱找银行借吧，太慢，还麻烦；找朋友借吧，又有点不好意思。“现在网络这么发达，要是能直接在网上借钱该多好啊。”莉莉说。

这句话无意中被我们的码农阿谦听到了，他一琢磨：“是啊，想借钱的人那么多，我搭个专门让人借钱、放款的网站，一定能火！”心动不如行动，阿谦立刻找到玩金融的朋友老军开发了“谦军贷”网站。“谦军贷”就像个论坛，想借钱的人可以在上面提交请求，有闲钱的人可以通过网站把钱借给他。

这样，莉莉就成了“谦军贷”的第一个客户。阿谦和老军看到莉莉的申请后，立即联系莉莉，对她的个人财产、店铺经营情况进行了细致考察，一致认为莉莉的这个借款申请靠谱，借钱能还的可能性非常大。

于是阿谦和老军在“谦军贷”网站上公布了莉莉的借款请求，规定谁借钱给莉莉就可以拿到 10% 的利息，剩下的 2% 作为网站手续费。看到这条信息的钱多美和阿胡仔通过网站告诉莉莉，可以分别借给她 2 万块、3 万块。

现在，莉莉需要的 5 万块就凑齐了，“谦军贷”把钱多美和阿胡仔的 5 万块收上来交给莉莉，还让莉莉分别跟钱多美和阿胡仔签订了借款合同，作为三个人借贷关系的法律凭据。莉莉拿到这笔钱后辛勤工作，先向“谦军贷”网站缴纳了 1000 元的手续费，一年之后分别向钱多美和阿胡仔连本带利还了 22000 元和 33000 元，5 个人各取所需，皆大欢喜。

这就是一个典型的 P2P 借贷案例，涉及了三方当事人，一方是借款人莉莉，一方是投资人（也叫出借人、放款人或者理财人）钱多美和阿胡仔，最后一方是借贷网站“谦军贷”。借款人通过网站借钱、还钱；投资人通过网站寻找借款项目，出借资金并获得利息；借贷网站（也称平台）负责为双方提供服务并收取服务费。

这三方的关系稍显啰唆，用示意图表现出来，就简单明白了（见图 1-1）。

图 1-1

小知识：P2P

1. P2P 这个词来自计算机行业，是 Peer to Peer 的缩写，意思是点对点网络或者对等网络。这类网络最大的特点是网络中的各个节点都是平等的。像我们经常访问的门户网站、游戏网站，它们跟浏览器就不是平等的，内容和游戏都放在服务器上，所有的浏览器必须访问这些服务器才能得到想要的东西。如果哪天服务器挂了，大家都没法使用这些网站提供的服务了。

2. 但是 P2P 网络中的每个浏览器同时也是服务器，所有的内容和服务都分散在每一个节点，其中一个节点挂了，别的节点并不受影响。我们经常使用的 BT 下载就是 P2P 网络，一个用户可以同时从很多个用户那里下载软件。你自己的软件也可以供其他用户下载。

3. P2P 借贷就是借用了 P2P 网络的概念，在这种借贷关系里，每个人都可以是借款人或者投资人，资金直接在借款人和投资人之间流动，没有像银行这样的“服务器”集中把大家的资金归集起来再统一放贷，因此借贷关系是点对点的，每个投资人直接跟借款人签订借款合同。

P2P 借贷合法吗？

现代社会是法制社会，在任何新事物出来的时候，大家都会问一下：“这合法吗？”

对于 P2P 借贷，这个问题比较复杂。一方面，国内的法律不禁止私人之间的借贷，而且如果借贷的利率不超过同期银行基准利息的 4 倍，出借人（投资人）的利息所得也受法律保护。

但与此同时，我国也有“非法集资”一说，在刑法中有“非法吸收公众存款罪或者变相吸收公众存款罪”以及“集资诈骗罪”的罪名，按照最高法院的司法解释违反国家金融管理法律规定，向社会公众（包括单位和个人）吸收资金的行为，同时具备下列四个条件的，除刑法另有规定的以外，应当认定为刑法第一百七十六条规定的“非法吸收公众存款或者变相吸收公众存款”：

（一）未经有关部门依法批准或者借用合法经营的形式吸收资金；

（二）通过媒体、推介会、传单、手机短信等途径向社会公开宣传；

（三）承诺在一定期限内以货币、实物、股权等方式还本付息或者给付回报；

（四）向社会公众即社会不特定对象吸收资金。

司法解释还对“集资诈骗罪”和“数额巨大或者有其他严重情节”进行了具体规定。

因此，从形式上看，P2P 借贷的借款人“未经有关部门依法批准”，通过网络，公开向社会公众募集资金，有非法集资的嫌疑。而 P2P 借贷平台如果通过编造虚假的借款人或者以委托理财的名义把投资人的资金募集起来，形成资金池，再私下里借给别人或者挪作他用，非法集资的性质就更加严重。

这也是 P2P 借贷刚在国内出现的时候，许多人把它看作“非法集资”的根本原因。但由于法律天然面向过去，创新很多时候都意味着打破原有的限制。P2P 借贷在国外也是如此，2008 年美国决定把 P2P 借贷作为证券行业进行监管；2014 年 3 月英国才发布了 P2P 借贷监管规则，4 月 1 日开始正式实施。

我国也已经明确了 P2P 借贷行业的监管部门，相关规则正在制定之中。据说 2014 年年底之前监管政策就会公布。到那时候，P2P 借贷的合法性就更加容易判断。在此之前，对于诚实、正规经营的 P2P 借贷平台来说，法律风险并不大，投资人不用过于紧张。

P2P 理财又是怎么回事？

第 1 节中的钱多美和阿胡仔通过 P2P 放款出去后得到利息，被称为 P2P 借贷的投资人，他们的行为是典型的投资行为，为什么又有很多 P2P 借贷平台宣称自己是 P2P 理财网站呢？

以老板娘莉莉为例，她开着一家儿童精品店，收入不少，却是个月光族，因此一到销售旺季就资金紧张，不得不到处借钱周转。还完“谦军贷”的借款后，她忽然想到：“我每个月省下一些钱，都放到谦军贷上借给别人，每年就会有 10% 的利息，这样我明年就不用再找别人借钱了呀。”

于是莉莉发挥老板娘的精明本色，每月抠出一万元在谦军贷上投资，几个月过后，她发现自己一花钱就会想到这是 110% 的本金利息损失，消费欲望大减，投资热情高涨，以至于她盘算着：“不用多久，我就能连锁加盟、当上总经理、出任 CEO、包养高富帅。”心里正在小激动的时候，忽然想到自己已经结婚了，“那就给未来的宝宝一个富二代的童年吧。”

P2P 借贷投资的甜头让莉莉改变了自己的消费习惯并开始进行新的人生规划，这就把投资转化成了理财。P2P 借贷因为投资门槛低（许多平台充值 50 元就可以投资，有的甚至低到 1 块钱，而银行理财产品经常 10 万元起投），收益又比较高，是一种比较适合年轻人积攒零花钱获得持续收益的一种理财方式。因此 P2P 借贷平台宣称它们是 P2P

理财网站也不足为奇。

当然把 P2P 借贷称为 P2P 理财也隐含着与银行理财、宝类理财（例如余额宝）进行对比的意图，会向投资人传达一种“安全”暗示。但实际上，P2P 理财与这两种理财都存在着明显的区别，对应着不同富裕程度、不同损失承受能力和不同理财规划的人群，P2P 借贷投资人对这个问题一定要有清醒的意识：这些理财产品的安全性是大不相同的！

P2P 借贷有风险吗？

有！必须有！大大的有！所有 P2P 借贷的投资人，无论是投资小白还是余额宝专家，无论是股市圣手还是理财达人，都必须牢记：P2P 借贷有风险，投资需谨慎！

在投资行业有句话：“高收益一定意味着高风险。”P2P 借贷投资的利息比余额宝高、比银行存款高，意味着它的风险也一定比前面两个高，否则大家全都拿钱来买 P2P 借贷了，谁还会投资余额宝和银行存款呢？

P2P 借贷投资最大的风险就是借款人借钱不还（行话叫“违约”）。尽管大部分平台都会严格审核借款人，考察他们是不是有能力、有意愿还钱，在借款人可能会违约的时候想尽各种办法来催收。但是智者千虑，还会有一失，再严格的审查都有疏漏的地方，何况在借款期间，情况随时都可能发生变化。如果借款人违约，借钱给他的投资者就收不到本金和利息，产生损失。

为了尽量避免投资者的损失，一些平台请担保公司进行担保，借款人过期不还钱，担保公司会把本金和利息赔偿给投资人，这样看起来投资人安全了，实际上风险转移到了担保公司。如果担保公司审查不严，出现很多借款人违约，它也很有可能没法偿付，甚至导致破产或倒闭，投资人的损失就没人来赔了。

这就是 P2P 借贷投资的第二大风险：担保的风险。对于 P2P 借贷平台自己提供担保（例如各种赔付承诺和“保障计划”），道理也一样：借款人违约过多，平台无钱偿付，投资人的损失同样无法避免。

因此，投资人万万不可因为看到了平台上的“担保”或“保障”字样就掉以轻心。平台真正的竞争力并不在于有没有提供担保，而在于对借款人的审核是否严格、对风险的控制是否有力。平台的违约率低才是硬道理。

在这两个风险之外，投资者最担心的就是平台跑路或者倒闭。出现这种情况的原因大体上可分为两类：

一类是平台违法经营。P2P 借贷从前两年开始火爆之后，一些运营者开始对平台上滚滚而来的资金垂涎三尺，有的编造虚假项目骗取投资人的资金供自己挥霍，有的自己也向投资人借钱，投入高风险行业。更有甚者，某些平台的开设就是以诈骗为目的，骗到投资人的钱后，卷钱就跑。

一类是经营不善。有的平台仓促组队，根本没有金融行业的经营经验，业务能力差，不能准确评估借款人的信用，不能合理控制风险，在借款人违约时又没办法催收，久而久之，亏损越来越多，平台无力继续经营，平台上的投资人就只好听天由命了。

这两类平台无疑会给投资人带来触及灵魂的深深伤害，好在很多投资人已经积累了大量经验来避开这些“坏”平台。在后续的各章节里，我们也会介绍辨别好坏平台的方法，帮助投资人一起识别靠谱的平台，远离欺骗、远离亏损、远离伤害。

在当前的时间点上，P2P 借贷投资人还得面临政策不明确的风险。一旦监管政策公布、落实，一些平台达不到监管要求，有可能产生破罐子破摔的念头，抛弃投资人和借款人，卷钱逍（wang）遥（ming）去了。如果监管政策公布，投资人一定要及时与平台沟通，及早采取防范措施，避免悲剧的发生。

啊，有这么多风险，我为什么还要投资 P2P 借贷？

原因很简单，硬币的一面是“高收益一定意味着高风险”，另一面则是“高风险通常意味着高收益”。目前 P2P 借贷投资的收益还是比较高的，对于资金不是那么充裕、人生道路漫漫的年轻人来说，P2P 借贷投资可谓一个不错的选项——如果平台和项目选择得当，会获得丰富的收益；如果出现了损失，毕竟还有大把的时间来挣钱。

而近期频繁出现的平台跑路、投资人血本无归的报道，让很多人认为 P2P 借贷就像冒险家的大乐园，到处是欺骗和陷阱。事实上情况并没有这么严重，很多优质 P2P 借贷平台坚持合法、诚信经营，给投资人带来了丰厚的回报，它们平均每年的收益率可达 10% 以上。

而零壹财经自成立以来，已经进行了大大小小几十个平台的测试，在这些测试中只出现过一次亏损。当然，这与测试人员的经验有关，在对行业长期的观察和研究过程中，我们已经基本上能够分辨出大部分的“好”平台和小部分的“坏”平台。唯一的一次亏损源于我们的过于“自信”而忽视了基本的审查规则。

从最近 2～3 年的情况来看，P2P 借贷的投资收益率开始下降，随着信用体系的健全、平台风险控制能力的提高和投资人数量的增加，这种下降趋势肯定会延续下去，未来几年可能逐渐接近银行存款或者货币基金的收益率（当然风险也会下降）。因此，如果希望尝试 P2P 借贷投资，根据自己的资金情况和损失承受能力，选择一个合适的时间点杀入，显得非常重要。

除了高收益带来的成就感和亲自点击鼠标投资带来的强烈参与感，就像尤努斯教授的“穷人银行”，P2P 借贷投资还附带很高的社会价值。

P2P 借贷通过互联网平台降低了金融服务的门槛和成本，让很多小微企业、个体工商户和中低收入工薪族获得贷款帮助他们实现发展目标，而这些贷款是他们很难从银行得到的。想一想莉莉，如果她没有通过“谦军贷”借到钱，就只能求爷爷告奶奶地从熟人那里借了，借款的利息也不一定比“谦军贷”低。

现在，由于 P2P 借贷的借款利率要显著高于同期银行利率，有些人批评 P2P 借贷并没有让借款人省钱，反而是一种变相的高利贷，是在“盘剥穷人”。其实这并非 P2P 借贷的“罪过”，而是服务对象的差别，银行一般不以“金融弱势群体”为主要服务对象，它们服务“大客户”的成本较低，因此利率以“大客户”为标准制定。如果银行大幅度服务于“金融弱势群体”，它也很难提供较低的利率。

国内 P2P 借贷的利率逐年下降，说明随着小额借贷市场的逐步开发，规模效益开始形成，P2P 借贷平台的风险控制能力有显著提升，“金融弱势群体”获得的好处越来越多。

而对于特立独行、心怀天下的靠谱青年来说，如果在参与 P2P 借贷投资获得相应的收益之外，还想更加深入地帮助“金融弱势群体”，可参与某些 P2P 借贷平台的公益性项目，例如“助农贷”和“助学贷”等。

小知识：尤努斯的“穷人银行”

1. 从服务对象上看，P2P 借贷脱胎于小额借贷。诺贝尔奖获得者，孟加拉的经济学家尤努斯教授是小额借贷领域的代表性人物。1976 年的时候，尤努斯带领学生在孟加拉最贫穷的地区调研，发现当地人极度穷困的根源并非是由于懒惰或者缺乏智慧，而是缺少资金。这种状况使得穷人们不能把钱攒下来去做进一步的投资。一些放贷者提供的借贷利率高达每月 10%（相当于每年 120%），甚至每周 10%～70%（相当于每年翻 5 倍到 35 倍以上）。

2. 这种情况深深震撼了尤努斯教授，自此之后，他开始在农村进行小额借贷的实验。1979 年，尤努斯教授促使孟加拉央行支持小额借贷项目“格莱珉（孟加拉语‘乡村’的意思）”，这个项目在 1983 年发展成为格莱珉银行。2007 年，格莱珉银行已经成为孟加拉国最大的银行之一。2010 年，其借款人达到 830 万，帮助 600 万穷人脱贫自立。贷款平均利率约为

20%，坏账率低于 2%。因为格莱珉银行的借款人全部是低收入者，股东也都是穷人，因此它又被称为“穷人银行”。

3. 尤努斯教授的实践说明小额借贷业务也可以获得长期、可持续的商业发展。P2P 借贷是一种网上的小额直接借贷，它对于满足那些“金融弱势群体”——中低收入工薪族、小微企业和个体工商户的借款需求，具有很大的价值。由于国内的多层次金融体系还不完善，他们在很多情况下无法快速从银行等正规金融机构获得急需的资金。

A Handbook for P2P Lending

第二章
P2P 借贷辞典

秒标是啥?
秒标都不知道，
唉，愚蠢的人类啊！

看完小壹丢过来的“P2P 借贷 XX 指南”，“很简单嘛，就是在网上借钱给别人，然后收利息，新技能分分钟 Get √！”小零撇了撇嘴，对小壹说。

“闭嘴！”

“闭你个头，我说错了吗？这么简单还弄个指南，搞得自个儿跟狗头军师似的，无聊不无聊呀……”

“啊……”那头的小壹一声惨叫，把小零吓得一哆嗦。

“你神经病啊，嚎啥嚎？”

“我的秒标啊……都是你唧唧歪歪的，害得我没有抢到秒标……”

“秒标是啥？”小零好奇地问。

“秒标都不知道，唉，愚蠢的人类啊！”小壹长叹一口气，又拖过来一个文件。

“装，接着装！不就是个黑话吗？姑娘我自己查！”小零挥动鼠标，在《你不能不知道的 P2P 借贷行话》的接收提示上果断点了“拒绝”。

标的部

标的：又称“借款标的”、“借款项目”，经常简称为“标”。指 P2P 借贷平台发布的借款信息，内容一般包括：标题、借款人、借款总额、借款用途、借款期限、还款方式、利率、招标期限、逾期（违约）时的保障措施等。

发标：指平台把标的发布至网站，使其能被投资人看到，从而可以向其投标的过程。

投标（手工投标）：指投资人选择处于招标期限之内、未满标的借款标的，表达向该标的的借款人出借资金的意愿和数额。投资人投标后，所投资金将被暂时锁定，但并不直接转给借款人，一般在满标之后才会真正划转给借款人。这种投标方式因为需要投资人自己选择标的、自己设置投标金额，因此又称手工投标。

满标：指一个标的在招标期限内足额筹集到所需资金，等待向借款人放款的状态。

流标：指一个标的在招标期限内未能筹集够所需资金，招标失败。此时，已投标的资金将会解除锁定或退回给投资人。

放款：指满标后平台把投资人的投标资金汇集起来转账给对应借款人的过程。

自动投标：指某些借贷平台提供的程序化投标方式，不需要投资人手工投标。投资人一般可以事先设定自动投标的条件（如借款利率、期限、还款方式、借款人信用等信息等）和投标金额，如果平台发布的借款标的满足投资人设定的条件，网站会自动帮投资人投标。

逾期（违约）：又称借款人违约，指借款人未能在实现约定的时间内向投资人支付本金和/或利息，投资人将面临损失的危险。

逾期率：指逾期标的金额占全部借款金额的比例，是衡量 P2P 借贷平台风险控制能力的最重要的指标。但不同平台对这个指标的定义差别很大，需要逐个平台进行分析，各平台之间的逾期率不一定具有可比性。

拆标：拆分标的的简称，指 P2P 借贷平台把一个真实的借款标的拆分成多个。有两种拆分方式：一种拆分金额，例如把一个 1000 万的标的拆分成 10 个 100 万的标的；一种拆分期限，例如把一个 12 个月的标的拆分成时间上依次相连或稍有重叠的四个 3 个月的标的。拆分金额一般不会带来额外的风险，拆分期限容易导致很多问题，例如上面的拆分例子，借款人很可能会用第二期 3 个月标的借来的钱还第一期标的借的钱，而如果第二期流标，借款人就无法支付第一期的本金和利息，导致逾期。

标的类型部

秒标：指某些 P2P 借贷平台为了帮助投资人体验投标过程或招揽人气发布的高收益、超短期限的借款标的。通常是平台虚构一笔借款，由投资者竞标并打款，平台在满标后很快（一般在一天之内，甚至满标即还）就连本带息还款，利息由平台支付。秒表风险低、时间短、收益高，因此网络出现了一批专门投资秒标的投资人，号称“秒客”。但是由于秒标不对应真实借款需求，只是资金空转，收益不具有可持续性，一些欺诈性平台会采用秒标的形式吸引大量投资人投资，然后立刻卷款跑路。

天标：以天为单位进行投资收益计算的借款标的。天标常见的借款期限在 1 天至 30 天之间，期限较短，比较适合对资金流动性要求强的投资人。

月标：以月为单位进行投资收益计算的标的，是 P2P 借贷平台的主流标的类型，期限短则 1、2 个月，长则 2～3 年。

信用标：完全基于借款人的信用发布的借款标的，无抵押、无担保。是 P2P 借贷平台最早的标的类型。由于国外的个人信用体系较为健全，在国外较为流行。我国的信用标在各平台运行一段时间后逾期率较高，许多平台逐渐用抵押标、担保标替代了信用标，但仍有许多平台在坚持发布信用标，效果较数年前有一定的提升。

净值标：投资人以其在平台的个人净投资作为担保，在一定净值额度内发布的借款标。净值标的利率通常比其他借款标要低，投资人可以把由此借来的资金再拿到平台上投资。

抵押／质押标：指借款人把某些不动产（如房产等）抵押给投资人，或把动产（如珠宝等）、权利（如证券等）质押给投资人，由此获得借款额度的标的。抵押物经常需要经过专业评估并在相关部门办理登记手续。借款人如果不能在约定期限内如数归还借款及利息，平台将代表借款人处理抵押／质押物，用以偿还约定的本金、利息、罚息、违约金等费用。

担保标：指由担保公司对投资人进行担保的标的类型，如果担保标的借款人出现违约，担保公司将根据事先签署的协议赔付借款人的损失。

（债权）转让标：债权转让指投资人把自己针对某个借款标的已投资、未到期的份额（债权）转让给他人，从而提前收回本金的行为。债权转让一般需要平台支持，并有限制条件，许多平台开辟了专门的板块供投资人发布债权转让信息，这些转让信息的形式与平台发布的借款标的类似，称为转让标。

流转标：指债权人暂时将手中的债权转让给其他投资人，并承诺在一定期限内回购该债权的标的类型，流转标常被 P2P 借贷平台用于设计定期理财产品。

收益计算部

起息日：指完成投标后开始计算利息的时间，各个平台对起息日的规定有一定区别，例如有的规定投标即开始计息，有的规定标满起息，有的规定标满后的 1 ~ 2 个工作日后起息，等等。

收益率：就是一笔投资到期后，实际收益除以本金得到的比率。例如，投资一个 3 月期的借款，本金 1 万元，实际收益 500 元，收益率就是 5%。

年化收益率：年化收益率是借款期限和收益等比例缩短或延长至一年计算出来的理论收益率。在上面的例子中，3 个月的收益率是 5%，年化收益率就是 5% × 12 ÷ 3=20%。

到期还本付息：指在借款期限到达时，一次性地向投资人归还本金并支付利息，在 P2P 借贷平台上常见于 3 个月以下的短期借款标的。

等额本息还款：在还款期内，定期（通常为每月）偿还同等数额的资金（包括本金和利息）。借款人每月还款额中的本金比重逐月递增、利息比重逐月递减，投资人每月收到的本金与利息之和不变。

等额本金还款：指借款人每月等额偿还本金，贷款利息随本金逐月递减，投资人得到的本金与利息之和逐月递减。

按月付息到期还本：每个月支付利息，到约定的还款日期一次性还清本金。

风险备用金：是指 P2P 借贷平台从每笔借款中提取一定比例的资金（由借款人支付），作为所有投资人的共同风险备用金，用于借款人逾期时对投资人的损失进行垫付，最多可垫付的数额一般以当期风险保证金的总额为限，不足部分滚动至下一期。很多平台的风险备用金采用独立账户存放。

生僻部

错配："错配"原是银行的术语，包括金额错配和期限错配。在 P2P 借贷中错配经常专指期限错配，即期限拆标，指把一个长期借款拆分为若干个短期借款，所谓"借短贷长"。

资金池：P2P 借贷行业的资金池指平台在还没有对应借款项目的情况，事先把投资人的资金归集起来，形成一个资金的池子，由平台来管理这些资金。资金池是监管部门多次警告 P2P 借贷平台不可逾越的红线，P2P 借贷平台一旦构建了资金池，就有非法吸收公众存款的危险。

小知识：担保的形式

1. 在 P2P 借贷行业里经常把抵押、质押和担保作为三个相同层次的概念来对待，实际上这里所说的担保专指保证担保，而抵押、质押也是担保的两种合法形式。根据《中华人民共和国担保法》（简称《担保法》），担保方式分为保证、抵押、质押、留置和定金等五种。
2. 保证是保证人（担保公司）和债权人（投资人）约定，当债务人（借款人）不履行债务时，保证人按照约定履行债务或者承担责任的行为。同样，根据担保法，担保公司向债权人提供担保时，可以要求债务人提供反担保，反担保一般也是通过抵押或质押实现的。因此保证（即大家常说的担保）有时也会涉及抵押或质押，不过抵押、质押的对象不是投资人，而是担保公司。

3. 抵押和质押只有一字之差，很容易混淆，实际上它们的区别很大：

4. 首先，抵押并不转移抵押物，而质押要把质押物转给债权人占有（不转让所有权，但是转让占有权）。这意味着抵押物仍在债务人手里，而质押物在债权人手里，后者的风险更小。

5. 其次，债务人违约时，处理抵押物和质押物的法定程序不同，对抵押物的折价或者拍卖、变卖处理必须与借款人（或抵押人）协商，协商不成只能向人民法院提起诉讼；而对质押物的折价需要与借款人（或出质人）协商，协商不成可直接拍卖或者变卖质押物。

6. 第三，可充作抵押物和质押物的物品类型不同，法律有专门规定，大致上说抵押物一般为不动产（如房屋、土地等，但包括机器设备和交通运输工具）；质押物一般为动产（如珠宝、首饰等）和权利（如票据、证券、商标、著作权等）。

7. 第四，抵押需要办理登记手续，如果未办理登记，债权人可能无法获得优先受偿权。而质押不需要登记，签订质押合同后，质押物移交即生效。

A Handbook for P2P Lending

第三章 测测你的胆量

额···
不知道！
少女！
你知道你是什么理财类型吗？
你知道什么是风险偏好吗？

27

“喂，看下，怎么样？”小零把手工整理的《P2P 借贷辞典》发给小壹。

“真是牛魔王杀回火焰山啊。”小壹说。

“什么意思？”

“牛到家了！”

“嘿嘿。”小零得意地笑了，“小壹，这下姑娘我可以动手了吧？”

“动啥手？”

“投标呀！”

“唉，你们这些年轻人呀。”小壹又悲凉地叹了口气，带着“痛心疾首”感叹，“老想着搞个大动静，你要知道，心急吃不了热豆腐呀，土洋土森破（Too young too simple），Sometimes……”

“闭嘴！”小零打断小壹，“少得瑟，正经说话！”

“好好好……少女，你知道你是什么理财类型吗？你知道什么是风险偏好吗？你知道你适合不适合 P2P 借贷投资吗？”

“额……”小零蒙圈了，“不知道……”

“那乖乖地做题去吧？”

“什么题？”

“测测你是不是条真汉子！”小壹又拖给小零一个链接。

1. 你的年龄：（ ）

A. 60 岁以上

B. 40 ~ 59 岁

C. 24 ~ 39 岁

D. 24 岁以下

2. 在海滨游泳，你会不小心游出安全区的范围吗？（ ）

A. 绝不会！

B. 偶尔会，当然，不是故意的

C. 这样也没有什么大不了的嘛

D. 经常的，我就喜欢在安全区外游

3. 你是不是喜欢啥事都自己做决定？（ ）

A. 不喜欢，朋友不就是帮忙干这事的

B. 还好，有人给我意见会使我的信心大增

C. 我习惯于自己做决定，但是别人的意见也会参考

D. 我的事情我做主，才不需要别人的参与

4. 独自到外地旅游，遇到岔路口，你会:（ ）

A. 仔细研究地图和路标，搞清楚了再做出选择

B. 向别人问路，问清楚之后选择

C. 大致判断一下方向，然后毅然决然地走下去

D. 岔路口……这么麻烦，抛个硬币决定吧

5. 隔壁老王是一位经验丰富的石油地质学家，他正组织包括他自己在内的一群投资者，为开发一个油井集资。如果油井成功，会带来

50～100倍的投资收益；如果失败，所有的钱将会打水漂。他估计成功概率有20%左右，你会：（ ）

A. 不会投资

B. 投资1个月的收入试试

C. 投资半年的收入玩玩

D. 投资一年的收入，怕个锤子

6. 期待已久的电影上线了，你去买20:30的票，却悲惨地发现只剩午夜场的票了，但是21:00有一个没有听过的新电影上映，你会更倾向于：（ ）

A. 购买新电影的票

B. 买午夜场的票

7. 你想换工作了，一个是工资比以前高很多，但压力非常大的私企，据说年后有望上市；另外一个是收入一般，工作却相当稳定轻松的事业单位，你会：（ ）

A. 选择有望上市的私企

B. 选择事业单位

8. 你会买彩票吗？（ ）

A. 从不买

B. 偶尔买

C. 经常买

9. 如果你有笔钱要投资，你期望赚到多少钱？（ ）

A. 跟银行定期存款利率差不多就行了

B. 赚不赚的另说，跑赢通胀就是胜利

C. 每年怎么也得超过 10% 吧

10. 你参加电视智力竞赛，马上一站到底了，主持人让你在以下获奖方式做出选择，你会：（ ）

A. 立刻拿起 1 万元现金，转身走人！

B. 试试冲击 5 万元抽奖，有 40% 的机会

C. 有 5% 的机会赢取 1 百万的现金大奖，拼了！

请根据下表计算您的得分：

题目	分数
1–5	A:1 B:2 C:3 D:4
6–7	A:2 B:4
8–10	A:1 B:2 C:4

得分 12～20 分。

恭喜你，你属于谨慎型投资者。你对投资的风险和回报都有深刻的了解，你更愿意用最小的风险来获得确定的投资收益。风险偏好偏低，平稳是你的理财标签。建议每月投入 P2P 借贷的资金不超过当月结余（就是全部收入花剩下的部分）的 10%。

得分 21 ~ 30 分。

不错，你属于稳健型投资者。你的风险偏好属于中性，不热爱、不回避风险，你对投资的期望是用适度的风险换取合理的回报。如果你能坚持自己的判断并进行合理的理财规划，你会取得良好的投资回报。建议每月投入 P2P 借贷的资金不超过当月结余的 30%。

得分 31 ~ 40 分。

厉害了，你属于进取型投资者。你的风险偏好非常高，热爱高风险高收益。建议每月投入 P2P 借贷的资金可在当月结余的 30% 到 50% 之间。对你有个终极建议：无论你多么热爱进取，最好也不要超过当月结余的 50%。毕竟，**P2P 借贷有风险，投资需谨慎。**

A Handbook for P2P Lending

第四章
小白选平台

就你机灵！
那我投谁？
嘿嘿！别急！
教你五招选平台！

“嘻嘻，我是稳健型。”小零开心地说。

“多说了一个字吧。”

“滚！”

“少女，请示范。”

“少贫，我要开始动手了！”

“动手干什么，君子动口不动手！”

“废话，当然是投标了。”

“投哪个平台？”

“喔……这个，谦军贷吧。”

“谦军贷？你了解谦军贷吗？你知道阿谦以前是干什么的吗？你知道老军的黑暗发家史吗？你知道谦军贷亏过多少钱吗？你知道吃桃不能就榴莲吗？你……”

“闭嘴！”小零头上火光闪动：“就你机灵！那我投谁？!”

“嘿嘿，别急，教你五招选平台，小白投资保平安。”

第一招：看看平台资质

要对一个平台有初步的评估，平台的“关于我们”是必看内容，从“关于我们”中一般可以了解以下内容并进行核实：

基本证照

正规经营的 P2P 平台都依托一个真实、合法的公司，合法公司的首要条件是三证齐全：营业执照、税务登记证和组织机构代码证。如果平台不公布这三证，投资人可联系平台客户询问。在公布的情况下，投资人仍然需要亲自核实。

例如，营业执照包含了公司的基本信息——公司名称、公司类型、注册号、法定代表人、注册资本、注册地、经营范围和经营期限等。投资人可以登录全国企业信用信息公示系统（http://gsxt.saic.gov.cn/），根据公司名称或注册号，并选择公司注册地，即可查询该公司是否进行了合法的登记注册，以及公司的基本信息是否与营业执照一致。企业信用信息公示系统还会公示该公司的经营状态如何，备案信息是什么样的，是否受到过行政处罚，股东类型以及股东（一般情况下大股东都是公司的实际控制人）都是谁，以及他们的出资比例。

组织机构代码可以到全国组织机构代码管理中心（http://www.nacao.org.cn/）进行查询核实。此外投资人还可以通过中华人民共和国最高人民法院的网站，对公司的股东、合作机构进行司法纠纷方面的查询，获知其是否有被执行的情况（查询网址：http://zhixing.court.gov.cn/search/）。

如果平台连基本的三证都不全、不一致，或者股东、合作机构官司缠身，被判决赔偿，这样的平台离得越远越好。

团队人员

运营一个 P2P 平台需要大量的人员和多方面的能力。团队中比较重要的是总经理（首席执行官）、首席风险官（或风险管理团队负责人）、首席技术官（或技术团队负责人）。

这些人员在金融、IT 方面的经历越丰富（例如曾在知名银行的风险管理部门、信贷部门或大型 IT 公司技术部门任职），行业名声越好，平台的靠谱程度就会越高。原因在于：如果满足了这样的条件，一方面他们的经验丰富、运营能力强；另一方面他们本身就有较好的职业前景和地位，违法经营的损失比一般的经营者要高很多。

可以利用搜索引擎了解这些人的背景，核实网站上的介绍是否真实。如果这些人根本查不到，或者查询获得的信息与平台的介绍不符，对于平台的诚实度就要警惕了。

合作机构

有“背景”的 P2P 平台，一定会在网站的介绍或宣传页面上时不时地透露出自身的背景优势，如果在网络上查询后发现实际情况就是如此，无可厚非。但有些平台利用巧取“名称”的办法暗示它与某些著名金融机构、集团公司或上市公司“有关系”（例如平台以“国金”、“中银”之类的名字开头）；还有些平台会在合作机构上做手脚，无中生有将某些集团公司或上市公司等列为合作机构，妄图欺骗投资人。

这些伎俩看似聪明，但识破它们并不困难，这里有两个小技巧：

直接核实法：直接打电话给所谓的合作机构，询问该机构是否与平台存在所谓的“合作关系”，合作关系的内容是什么？如果“合作机构”拒不回答，可以在平台本身的论坛或专门的网贷论坛发帖询问，在“围观群众”的帮助下，平台一定会想方设法“自证清白”，真相就不难查明。

角色扮演法：比如扮演投资人向其所谓的合作机构投诉，问询索赔程序，再如扮演借款人向合作机构了解借款方法，等等。如果这些机构根本就没有跟该平台合作过，平台很容易就露出马脚。

第二招：查查平台曝光度

现在的时代，个人和机构已经很难在网络上隐藏自己的蛛丝马迹。善用网络搜索，可以发现很多平台的“真相”。

首先，我们在搜索引擎上搜索 P2P 借贷平台，以“谦军贷”为例，在你输入“谦军贷”时，可能随之就会出现“谦军贷可靠吗”、“谦军贷怎么样”、“谦军贷是骗子吗”等关联搜索建议，点击这些搜索建议，就可以看到相关的讨论或评论。一般投资人根据这些信息，可以对平台有直观的判断。

当然，也不能偏信这些信息，一方面有的竞争对手可能会故意挑起话题“抹黑”这些平台；另一方面，有的平台“能量”强大，可以动用各种力量删除负面信息。这个时候就需要再考察下平台在媒体上的曝光度。

越是在传统、专业媒体（例如报纸、杂志、电视、正规财经网站、行业网站）上曝光率高、持续时间长、形象正面的平台，付出的成本就越高，也从一个侧面说明平台努力经营的程度越高，安全度相对较高。

查询平台在传统、专业媒体上的曝光率，最方便的办法还是借助搜索引擎。耐心看一看都有哪些媒体报道过这些平台，平台的负责人、团队核心人员是否经常在媒体上露面，是否经常回答投资人关心的业务、安全、政策等问题。如果平台的新闻报道较多，一定要在搜索结果中多翻几页，没准前面都是正面报道，后面才有“惊喜”。

在此过程中，一定要当心所谓的“软文”，这些文章一般发表在不知名的网站上，或者由不知名网友发表在论坛、微博、微信上，以编故事、讲段子、交流“亲身经历”、“理财经验”的形式想方设法地宣传、夸奖某个平台，对这些“软文”可以直接无视。

第三招：搜搜风投投钱没

P2P 借贷市场爆发后，风险投资商、行业投资商蜂拥而至。从 2013 年到现在，已经有超过 10 家 P2P 借贷平台喜获投资商的绣球，嫁进豪门。融资额度最低的也达到千万元人民币量级，最高的甚至超过 1 亿美元，有的平台已经完成了两轮融资。

对于这样的大喜事，P2P 借贷平台当然要大力宣传，所以投资人在搜索这些平台的曝光度时，肯定已经看到了相关的报道。接受过大额风险投资、行业投资的平台，其安全度大大上升，原因在于：

首先，能够获得投资商青睐的平台，一般本身的资质就不错，在风控、营销、模式或形象方面有过人之处，经营能力较强。

其次，投资商在确定投资之前，一定会对平台进行详细、全面的考察，来尽力确保自己投入的真金白银不会打水漂，这就相当于帮助普通投资人做了严格、细致的筛选。

第三，平台获得投资，有了充足的资金后，都会加强团队建设和风险管理，运营工作可以做得更加周到、细致。

第四，投资商入驻之后，大多会参与平台的管理，持续对平台进行监督，平台想干坏事，很难过投资商这一关。

因此，投资商的介入对 P2P 借贷平台意义重大，可以作为小白投资人鉴别平台的一个重要指标。但是，投资人切记，这个指标不应该是唯一的指标。一方面存在着错过未获得大额投资但资质也比较好的平台；另一方面，大额投资只是表象，平台上的标的情况才是更加重要的标准。

第四招：算算每人借多少

P2P 借贷平台最初是为个人服务的，平台上的借款人很多，每个借款人一般每次也就借几千、几万块钱，这就是 P2P 借贷的所谓小额、分散原则（这个原则对投资人也适用，就是对每个借款人不要投资太多，尽量投给多个借款人）。现在，许多平台还在坚持这一原则。

因此，考察平台上是否有人连续借入大笔资金就显得非常重要，因为个人借入的资金越多，风险就越难以控制，违约后牵连到的投资人就越多。图 4-1 展示了 28 家跑路、倒闭、查封平台（统称问题平台，以黑色圆点表示，圆点面积越大，表示每个借款人的借款金额越高）与 19 家正常经营平台（以灰色圆点表示）的人均借款金额的对比，图中纵轴的单位为万元。

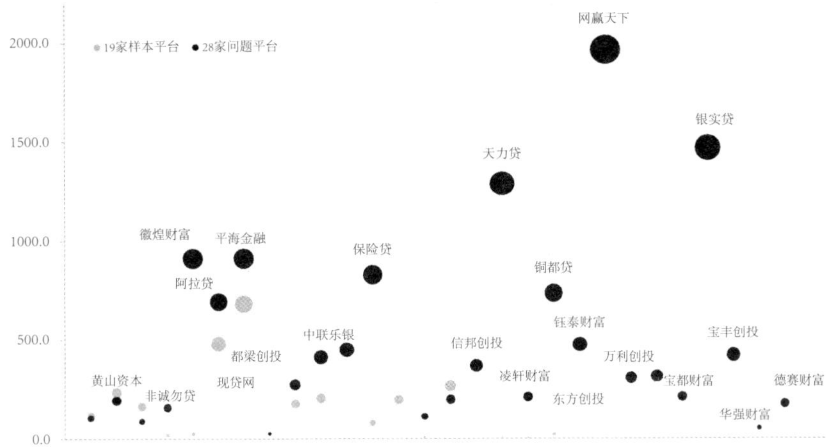

图　4-1

从图中明显可以看出来，一些问题平台的人均借款额明显偏大，有的甚至超过 2000 万元，而正常经营平台的人均借款额普遍较低。因此，投资人如果看到平台上的借款人不多，但是每个人借的金额特别大、借款频率高，又没有什么抵押、担保措施的平台，要格外谨慎。

小零紧急插话："可是有些平台号称是企业借贷平台，每笔借款金额都很高，人家好像也活得挺好的呀。"

小壹："那是 P2P 借贷的一种特殊模式，风险控制方法跟面向个人的不一样，这个原则对它们不适用。但是呢，如果你发现这样的平台上只有少数几个企业频繁、大额度地借款，那也要小心了。"

第五招：瞅瞅平台活几年

从开始经营到现在经历了多长时间，并不是衡量正常平台资质的一个好办法，因为总有新平台成立，而新平台总需要一个成长的过程。但对于存心欺诈或管理不善的平台来说，一般很难活得很久：前者一般没耐心“放长线钓大鱼”，培养点人气，能卷到点钱就跑了；后者可能想长久经营，但经常很快就撑不下去了。图 4–2 是 86 家问题平台的存活时间，图中纵轴的单位是月，圆点越靠上，说明对应平台的存活时间越久。

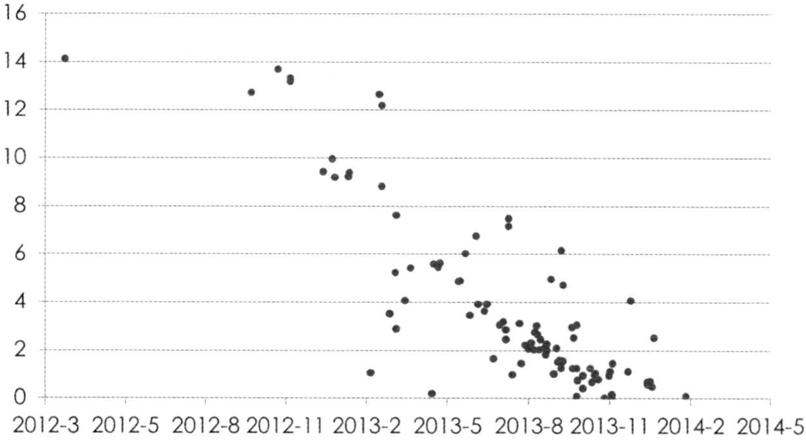

图 4–2

可以看到，大部分问题平台都撑不过半年，有的诈骗平台只存活几个小时，能坚持一年的问题平台所占比例在问题平台中不超过 1/10。

因此，P2P 借贷投资新手在没有足够投资经验的时候，可以先选择历史比较悠久的平台，这样可以大幅度避免平台倒闭、跑路的危险。

这五招简单易行，限制严格，能够经受住筛选的平台不多，其实只要能够满足以上 3 ~ 4 个条件，P2P 借贷小白基本上就能躲开“高能、坑爹”区域了。值得注意的是，满足这些条件的平台普遍收益不高，小白们想要追求更高的收益——一定不要忘记下面要讲的终极大招。

终极大招：不要贪心！！！

贪婪，是人的本能，是行家的动力，却也是新人的杀手！行家利用丰富的经验、高超的技巧、灵敏的嗅觉，发挥贪婪本性，获得超高收益，他们所猎获的，很多时候就是新人们因为贪婪所损失的。

因此，在熟悉 P2P 借贷行业、练就金钟罩铁布衫之前，投资人一定要克制自己的贪欲，避免因为追求高收益而落入高损失的陷阱，得不偿失。关于 P2P 借贷投资高收益的风险，有图 4–3 为证（图中的纵轴为平台承诺的平均投资利率，黑色圆点表示问题平台，灰色圆点表示正常经营的平台）。

图 4–3 反映了问题平台的一个典型特征：利率高，只有高利率才能吸引更多的投资人和资金，平台才能卷走更多的钱。28 家典型问题平台中，承诺年化利率超过 40% 的竟然高达 18 家。投资人可以想一下：身边有什么样的人能够通过正常收入长期承受 40% 以上的借款利率呢？即使所有的借款请求都是真实的，这样的平台也很难长期经营，投资人想不蒙受损失，难度超越地狱模式。

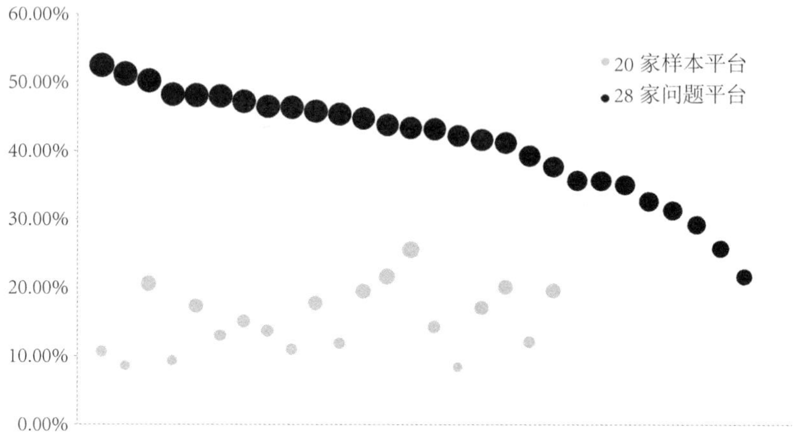

图 4–3

现在大部分平台的投资利率都在 20% 以下，部分稳健平台的利率甚至降到了 12% 左右。问题平台的案例生动说明了高收益的高风险，值得所有投资人铭记。我们由此得到的教训：无他，克制贪欲，不作才会不死。

A Handbook for P2P Lending

第五章 这些事情不要做

少女！
你的钱呢？
我的钱呢？
我···我···
我用信用卡啊！

“大招在手，赚钱我有，壹哥，这次可以动手了吧？”

“No！”小壹不紧不慢地晃了晃手指。

“让不让人赚钱啦？还有什么要看的？投个资怎么这么麻……”

“你拿啥投？”

“废话，拿钱啊。”

“少女，你的钱呢？”

“我的钱呢？”身为资深“剁手族”的少女望向了自己的信用卡：“我……我……我用信用卡啊。”

“不！”小壹坚决地说，“这些事情不能做！”

不要用信用卡额度投资

信用卡额度本质上是一种小额信用授权，持卡人刷卡消费就是向银行借钱，在规定还款期限内不用支付利息，但是一旦不按期还款，就要“享受”高额（一般年化利率在 18% 以上）的利息。而 P2P 借贷的周期一般比信用卡的免息期长，在免息期之内不能收回投资，投资人就得先找钱把信用卡还上，否则 P2P 借贷投资的收入可能还抵不上信用卡的利息。投资人为此需要背负较高的资金压力与精神压力。

一旦借款人违约，本金收不回来，投资人就相当于损失了两笔钱，一笔是信用卡借款的本金，一笔是信用卡借款利息，风险极高。

即使资金能够周转开，用信用卡借款投资 P2P 借贷也是违法的，我国刑法第一百七十五条规定：“以转贷牟利为目的，套取金融机构信贷资金高利转贷他人，违法所得数额较大的，处三年以下有期徒刑或者拘役，并处违法所得一倍以上五倍以下罚金；数额巨大的，处三年以上七年以下有期徒刑，并处违法所得一倍以上五倍以下罚金。”这就是所谓的高利转贷罪。

因此，绝大部分 P2P 借贷平台为了避免投资人触犯法律，也避免给自身带来危险，禁止使用信用卡充值、投标。但有些“机智”的投资人又想出了别的歪招：信用卡套现。所谓信用卡套现是指持卡人与某些无良商家串通，假装消费向商家付款，商家再把现金返还给持卡人。持卡人拿到这些现金后可以存入储蓄卡再进行 P2P 借贷投资。

信用卡套现本身就是违法的，2009 年 12 月最高人民法院、最高人民检察院联合发布了《关于妨害信用卡管理刑事案件具体应用法律若干问题的解释》，其中的第七条规定：“违反国家规定，使用销售点终端机具（POS 机）等方法，以虚构交易、虚开价格、现金退货等方式向信用卡持卡人直接支付现金，情节严重的，应当依据刑法第二百二十五条的规定，以非法经营罪定罪处罚。”同时，“持卡人以非法占有为目的，采用上述方式恶意透支，应当追究刑事责任的，依照刑法第一百九十六条的规定，以信用卡诈骗罪定罪处罚。”

因此，用信用卡套现投资 P2P 借贷更是可能会触碰到两项罪名：信用卡诈骗罪和高利转贷罪。So，投资人千万不要用信用卡额度来投资 P2P 借贷。

不要借钱投资

用信用卡额度投资就是借钱投资的一种。现实社会中还有很多“借钱”投资的渠道，例如向亲戚、朋友借钱，挪用单位、他人的资金等，风险都极大，而且很可能构成违法、犯罪。

其中最恶劣的行为是投资人从一个低息 P2P 借贷平台借款，然后向高息 P2P 借款平台投资，俗称“资金黄牛”。这是一项更为危险的行为，一旦投资的资金收不回来，借款就还不上，催收人员上门催讨，法院传票不期而至……

绝大多数人投资 P2P 借贷是为了让闲钱有点收益，从而养成良好的理财习惯，逐渐积累财富，改善生活。借钱投资明显与此初衷相违背，常在河边走，很难不湿鞋。一招不慎，就会前功尽弃，成为声名狼藉的“老赖”（指长期借债不还的赖账人士），再也无法延续充实、幸福的生活，实在是得不偿失。

因此，在“测测你的胆量”一章 ，即使对于极其热爱风险的投资人，我们也建议您每月投入 P2P 借贷的资金不要超过当月结余的 50%。也就是说一定要用闲钱投资，绝对绝对不要借钱投资 P2P 借贷！

不要参与“打新”

上章提到，P2P 借贷投资新手最好选择成立时间较长的平台，避免成为“跑路”平台的牺牲品。但是新平台为了招揽人气，一开始给出的投资回报往往比较高，还会推出各种各样的优惠活动。一些新手在查询 P2P 借贷投资信息时，很可能看到新平台的宣传活动，经受不住高息诱惑和老手撺掇，参与所谓的“打新”活动。

“打新”类似于股票市场上的“打新股”，就是投资者选择新上线的平台进行投资的行为。新上线平台的奖励名目众多，包括充值奖励、投资奖励、秒标、抽奖等，但很多藏有陷阱，例如规定资金多长时间不许撤出，投资多少金额会有更高的奖励，等等。投资人的资金一旦被套，平台进行诈骗的空间就大大扩展。

举个例子，某新上线平台作为 2013 年年度最快跑路平台，利用较高的收益吸引投资者，上线不到十天即造成投资人高达 2000 多万元的资金损失，受害人多为“打新”者！这样惨痛的损失是投资者都不愿看到的，只能归结为新手为博取较高收益而刀口舔血，最终在“打新”上所交的“学费”。

唉，多么痛的领悟！

唉，看到没有，“打新”的意思不一定是“打新股”，也可能是“打新手”啊。

不要“虎口拔牙”

有些 P2P 借贷平台由于经营不善，面临资金窘境，此时会在短期内借入大量资金以便周转。这种借款的特点是：超短期限、超高利息。短期限容易造成安全的假象，高利息散发出迷人的风情，双重诱惑之下，一些 P2P 借贷新手奋不顾身地扑向“虎口”。

出现这样的借款，甚至有些时候，平台都标明了借款人是自身的实际控制人、股东、关联人，本来是平台濒临倒闭的迹象。但有钱能使鬼推磨，很多新手没有鉴别能力（甚至包括某些经验丰富的老手也会被贪欲蒙蔽双眼），反而认为是初战告捷的好机会。投资人看到的是眼下的超高收益和超短期限，不知道的是大厦已经在头顶崩坍！

没有金刚钻不要揽瓷器活，不是武松就不要想虎口拔牙。牙没拔掉，钱没了，P2P 借贷投资人最大的悲哀莫过于此。

第六章 开始投资吧

A Handbook for P2P Lending

告诉她你正在看比基尼！
给我妈打电话干什么？
你又不是我媳妇。

看了 P2P 借贷投资新手的“四个不要”，小零拍了拍胸口：“还好没冲动，没想到投资有这么多学问，姑娘我差点就违法了呀！”

“对，同学，你上道了！知难而退，赶紧洗洗睡吧！”

“不睡，再给我发点 P2P 借贷投资的资料。”

“没空，我正在看‘Java 论道之分号与比基尼的重载’，你自个儿找去。”

“扯吧你就，光有那仨字，你还看得下去么……”

“叮”一声脆响打断了二人的谈话，“啊，我现在可以投资了！”小零哼着歌开始寻觅起了网站。

“姑奶奶，你铁定心了要进局子？”

“嘻嘻，我有钱了，我把美甲秀发费列罗三件套退了，2000 多块呢，我拿 1000 块出来投，行吧？”

“行行行，你投哪家？”

“不告诉你！山人自有妙计，绝对安全。”

“好吧……”

一个小时后。

“壹哥，还在看比基尼吗？”

“……”

“我抢不到标啊，真急人，怎么办呀？到底怎么办呀？”

“……”

“快给我找个能抢到标的靠谱平台！”

“……”

“再磨叽我给你妈打电话了！”

"给我妈打电话干什么，你又不是我媳妇。"

"告诉她你正在看比基尼！"

"啊！……"小壹沉默半晌，磨磨蹭蹭地丢给小零一个链接："记住，第一次，给两百就行了，不要太疯狂哦……"

"你管我！"小零迫不及待地点开链接。

"……"小壹露出邪恶的笑容。

特别声明

为了帮助未尝试过 P2P 借贷的读者了解 P2P 借贷投资过程，本章将通过系列截图展现 P2P 借贷投资的主要步骤。由于截图需要一个平台作为示例，我们选择了本课题的研究合作单位之一"你我贷"。

"你我贷"成立于 2011 年 6 月，由嘉银（上海）金融信息服务有限公司运营，目前提供的借款产品包括：

小微贷：为小微企业提供的专属借款，帮助解决企业资金周转困难。

商户贷：向用于商业经营的个体工商户提供的专属借款。

车易贷：针对名下拥有车辆的车主提供的专属借款。

净值贷：针对你我贷线上出借用户提供的专属借款。

薪金贷：针对有固定工作且收入稳定、信用良好的工薪族提供的专属借款。

POS 贷：向持有并使用 POS 机的商户提供的专属借款服务。

嘉房贷：向正在进行按揭（还款期数大于 12 期）的客户提供的专属借款。

平台主要提供的服务类型包括：

债权散标：分别列出借款项目，由投资人手工选择项目，输入投资金额进行投标。

债权转让：老投资人把已投标项目获得的债权转让给新投资人以便提前收回资金，新投资人接受债权转让的过程与债权散标投标类似。

嘉财有道：智能投标产品，投资人投入一定数额的资金，系统帮助投资人进行自动投标，该产品按期发行，有 90 天的锁定期和 368 天的合约期。

作为本手册的数据合作提供商，你我贷提供的经营数据如表 6-1、图 6-1 和图 6-2 所示。

表 6-1

员工数量	截至 2014 年 7 月，员工约 3000 人。
平台交易额	截至 2014 年 7 月，平台交易额为 25 亿元，每笔平均借款额约为 7 万元。
客户群体	
借款人属性	覆盖全国 30 余个省市的 100 多个城市和地区，服务几十万名客户，包括中国最广大的二三线城市、乡镇地区及农村的小微企业家和个体工商从业者。 超过 70% 的借款人年龄位于 30~49 岁之间，约 80% 的借款人为男性。 借款人中，高中及以下学历者占 33%，本科及研究生或以上者总共占 27%。 客户借款的用途多为企业成长、短期资金周转、个人提前消费和偿还应付款项，分别占比 45%、50% 和 5%（最后两项合计）。
投资人属性	20~40 岁人士约占总投资人数的 68%，是你我贷投资理财的主力军。 平台投资人平均投资金额约 1 万元，复投率占投资总人数的 75.6%。

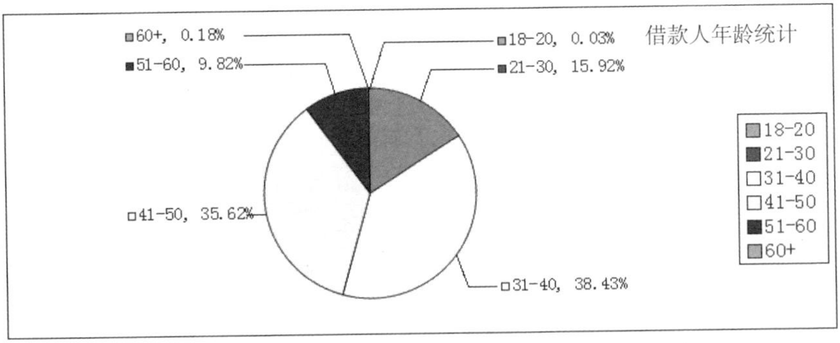

图 6-1　你我贷借款人年龄统计（截至 2014 年 5 月）

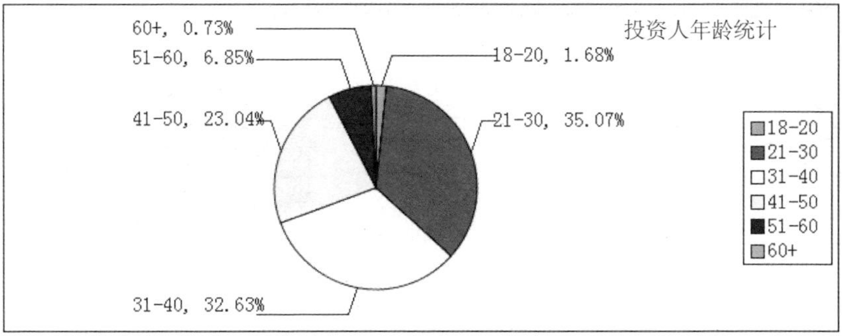

图 6–2　你我贷投资人年龄统计（截至 2014 年 5 月）

我们对于在编写过程中，“你我贷”工作人员所提供的帮助表示感谢，**但需严正提醒读者注意的是，本手册选择“你我贷”作为投资示例，仅出于写作和展示方面的便利，不意味着对该平台进行任何推荐和建议**。本章涉及的任何平台、产品、操作等信息，仅作演示之用，不意味着对任何信息的证实，更不具备任何实质性效力。投资人应依靠自己的判断选择平台，谨慎投资。

第一步：浏览网站

在投资之前，仔细浏览网站，了解网站的基本信息，建立对网站的初步评价是投资人的必备功课，即使是熟人推荐的平台也不能例外。这不，小零收到小壹丢过来的链接，在浏览器中打开，映入眼帘的自然是平台首页（见图 6–3）。

你我贷
首页
我要投资
我要借款
新手起航
社区
你我贷成为 上海资信会员单位 正式加入
网络金融征信系统(NFCS)
上海资信有限公司系中国人民银行征信中心控股公司
预期年化收益率
12%-14%
账户中心
高收益灵活投资
全方位安全保障
一站式借款服务
2,859
28,393
22,675
嘉财有道
预期年化收益率 12%-14%
即将开始
立即预约
债权列表
投资公开课
4000-817-888

图 6-3

首页最明显的位置在动态循环几则重要消息，通过展示的内容可以判断，平台在主推一个名为“嘉财有道”的产品。“嘉财有道是啥？”小零想去看看，犹豫片刻，还是克制住了冲动：“我先看看平台概况吧。”她首先点击了页面最下方的“关于我们”链接。

“关于我们”从公司情况、媒体报道、社会责任、业绩报告等多个方面介绍了平台的现状、业绩和愿景（见图 6–4）。

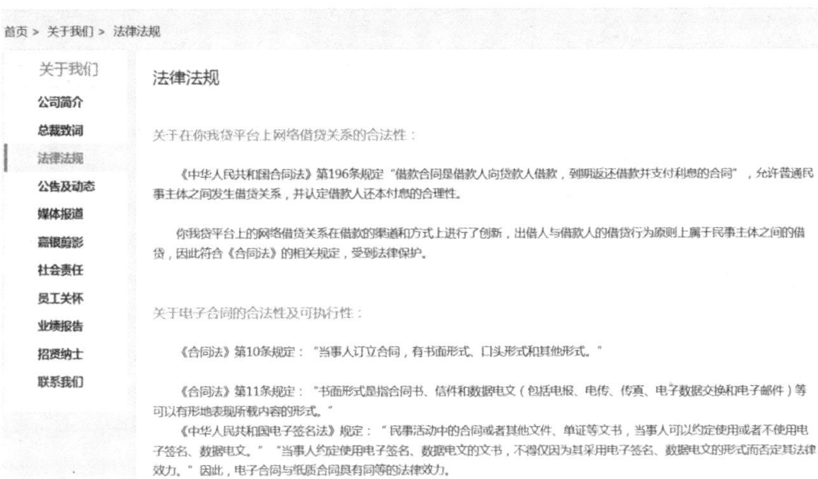

图 6–4

其中，小零重点浏览了公司简介、媒体报道、法律法规和业绩报告。“看起来好像没什么问题，不过我现在也是啥也不懂啊。算了，先信小壹一次吧。”小零又查看了“投资公开课”、“帮助中心”、“新手起航”，了解到在该平台上投资的基本步骤，然后迫不及待地点下“注册”链接。

第二步：注册

在任何 P2P 借贷平台上投资，一般都至少经历注册、认证、充值、投标 4 个步骤。你我贷的注册界面如图 6-5 所示：

图 6-5

图 6-6

小零填写完用户名、密码、手机号、验证码之后点击“免费”注册，转到“手机验证”页面（见6–6）。

输入手机接收到的验证码，点击“验证”，转到“注册成功”页面（见图6–7）。

图　6–7

第三步：认证

为了确认投资人的真实信息，保障投资人的各项安全，P2P借贷平台一般都要对投资人进行身份认证。小零点击“实名认证”按钮，转到如图6–8所示页面：

输入姓名和身份证号，提交认证，片刻之后，小零实名认证成功。“还挺快的嘛。”小零说，“对了，好像刚才有红包啊。”她打开“账户中心”，在“活动管理”—“我的礼品”中看到了红包的用法（见图6–9）。

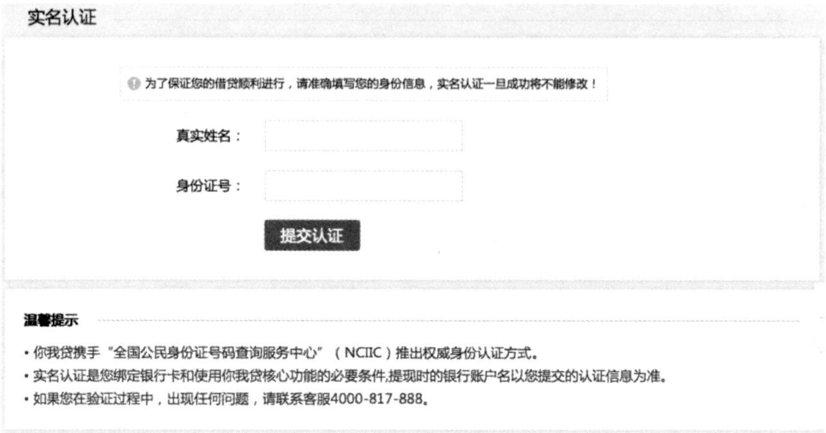

图 6–8

编号	类型	抵用金额	获得时间	过期时间	使用时间	状态	说明
100059117937	投资抵用券	￥50.00	2014-08-11 09:36:57	2014-10-10 09:36:57		未用	单笔投资金额满5000…
100058117937	投资抵用券	￥20.00	2014-08-11 09:36:57	2014-10-10 09:36:57		未用	单笔投资金额满2000…
100057135871	投资抵用券	￥10.00	2014-08-11 09:36:57	2014-10-10 09:36:57		未用	单笔投资金额满1000…
100057135870	投资抵用券	￥10.00	2014-08-11 09:36:57	2014-10-10 09:36:57		未用	单笔投资金额满1000…
100056135871	投资抵用券	￥5.00	2014-08-11 09:36:57	2014-10-10 09:36:57		未用	单笔投资金额满500元…
100056135870	投资抵用券	￥5.00	2014-08-11 09:36:57	2014-10-10 09:36:57		未用	单笔投资金额满500元…

图 6–9

“看来红包不能直接用，必须得搭配一定的投资额才能用，我只好先充值啦。”小零又点击了“充值”链接。

第四步：充值

从充值页面可以看到你我贷平台提供的充值渠道有两种：第一个是新浪的微钱包，第二个是腾讯的财付通。微钱包支持 19 家银行的支付；财富通支持 23 家银行（见图 6-10）。小零选择了“微钱包”，微钱包同时支持网银支付和银联支付。

图 6-10

点击“银联支付”，进入支付页面（见图 6-11）。

图 6-11

小零登录自己的银联在线支付账号，充值 2000 元。很快，页面显示充值成功。小零回到账户中心，发现账户中正好到账了 2000 元。“看来不要充值手续费呀，还不错！”小零自言自语道。

第五步：投标

小零点击“我要投资”—“债权列表”，查询正在招标的项目（见图 6-12）。

项目名称	借款年利率	期限	投资金额	进度	共4个标
实 信用借款	13.2%	24个月	¥93,100.00元	0%	投标
实 借款公司经营	13.2%	3个月	¥93,100.00元	0%	投标
实 首次借贷诚信借贷	13.2%	36个月	¥21,000.00元	0%	投标
实 诚信人士申请借款	13.2%	36个月	¥87,100.00元	0%	投标

图 6-12

她决定选择第二条期限为 3 个月的标的进行投资，点击“投标”，项目信息如图 6–13 所示：

图 6–13

信用审核记录还比较齐全，这就试一试！通过右上角的“投资金额”，小零看到自己的账户余额为 2000 元，该项目的最低投资额为 50 元。“先投 1000 吧。”小零在“投资金额”输入框中填写了“1000”，点击“马上投资”按钮并确认后，转向“投标成功”页面（见图6–14）。

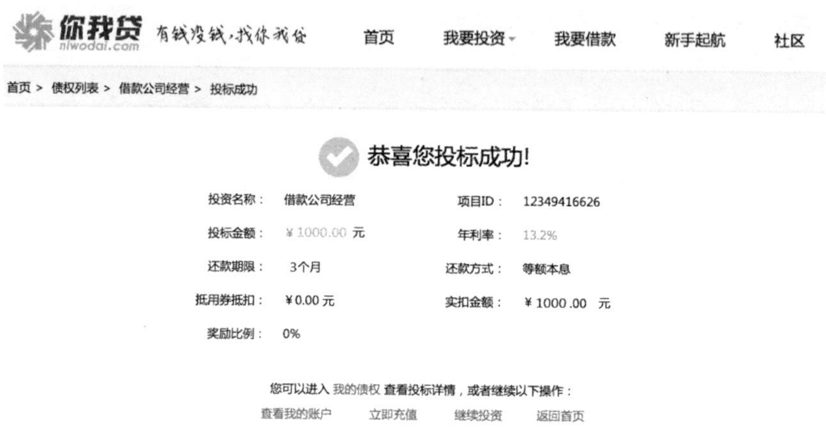

图 6–14

“哈哈，第一次投资这么快就成功了，真不错！”小零得意地看着自己的“债权列表”。片刻回味之后，她忽然想到：“对了，刚才的那个嘉财有道是什么东东？得看一看。”点开“我要投资”—“嘉财有道”

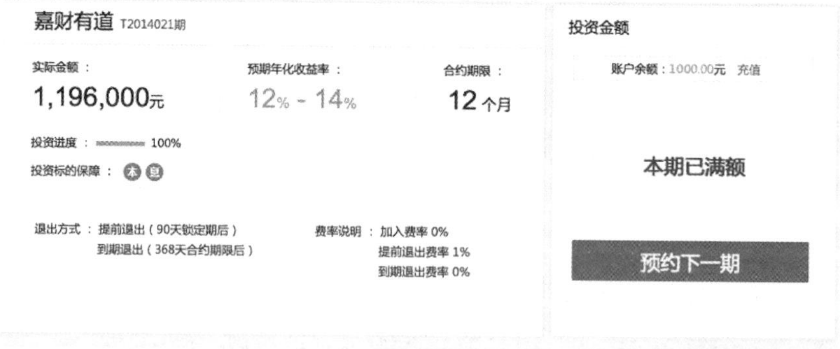

图 6–15

链接，出现如图 6–15 所示页面：

“这个产品貌似挺复杂。”小零又点开“嘉财有道”的投资计划说明书，发现嘉财有道 2000 元起投，投资额需以 1000 的整数倍递增，单期计划累计认购总金额不得超过 10 万元。这个产品自动把用户的资金分散投资于不同的标的，单笔投资金额不超过 1 万元。

“这一期已经满了呀，看来没法投了，呜呜。”失落了一会儿，小零马上开始自我安慰：“2000 元起投呢，算了吧，现在账号里才剩 1000 元，我要做个有节制的投资人嘛，循序而渐进。”

话虽这么说，投资欲望未满的小零仍然心有不甘，在平台上溜达了一会儿，她毅然又选择了一个 2 月期的项目，在投标金额中填入 200 元，果断点下“马上投资”的按钮。

A Handbook for P2P Lending

第七章 算算收益

啊啊啊！
太恐怖了！
你怎么什么都知道！

初次投标成功的小零兴高采烈，迫不及待地给小壹发过去一串“@#% ￥@#%# ￥%”。

“脸被人按键盘上了？”小壹问。

“我成功啦我成功啦，啦啦啦。”

“一笔200，2个月，年化13.2%，到期还本付息；一笔1000，3个月，也是年化13.2%，等额本息，对吧。”

“太恐怖了！”小零捂脸，“你怎么什么都知道?!”

“HIAHIA……”小壹又发出邪恶的笑声。

“我知道了，你不就是看到我的投标记录了嘛。”

“啊！”小壹的笑声戛然而止。

“嘻嘻，那我1000块的那笔，3个月能赚33块，对不对呀？”

“哦，真的呀，那这下你赚大发了！”小壹故意板着脸。

“装，接着装，你以为我的脑子跟你一样进水了？”

“……那你倒说说能赚多少。”

“嘻嘻，我这就给你算，让你看看超级零的厉害！”

等额本息

等额本息还款法是P2P借贷平台最常见的一种还款方法，简单地说，就是把借款的全部本金和利息以每个月相等的数额返还给投资人。这种还款方式减轻了借款人在借款到期时一次性还本付息的压力，可以更好地进行资金规划，也能够在一定程度上降低违约风险，因而受到多方青睐。

我们以小零投资的借款标的为例，“期限 3 个月，年化利率 13.2%，投资金额 1000 元，等额本息”。要计算小零每个月能收到多少还款 x 需要列个复杂的方程，首先年化利率 13.2% 相当于月利率 1.1%；那么：

到第一个月的月底，借款人总共欠小零 1000×1.011 元，还掉 x 元，还欠 $1000\times1.011-x$ 元；

到第二个月底，还欠 $(1000\times1.011-x)\times1.011-x$ 元；

到第三个月底，还欠 $[(1000\times1.011-x)\times1.011-x]\times1.011-x$ 元；

此时，钱应该已经还完了，因此 $[(1000\times1.011-x)\times1.011-x]\times1.011-x=0$

解这个方程，可以得到 $x=340.69$ 元。

借款人的每期还款金额如表 7-1 所示。

表 7-1

期数	当期还款额	本期还的本金	本期还的利息	还欠
第 1 期	340.69	329.69	11	681.39
第 2 期	340.69	333.32	7.37	340.69
第 3 期	340.69	336.99	3.71	0

从表中可以看出，借款人共还的本息为 340.69×3=1022.07 元。也就是说小零的这笔投资总共赚了 1022.07 − 1000=22.07 元。

为什么这个利息比想象的少呢？如果投资 3 个月，每月利率 1.1%，小零的收益应该是 1000×3×1.1%=33 元呀。这是因为采用等额本息的还款方法，每月都还掉了一部分本金，所以除了第一个月的本金是 1000 元，后面几个月的本金都不到 1000 元，而且越来越少了。因此，如果不把每月还款再次投出去的话，等额本息法获得的收益是不可能达到年化利率的。这并不是 P2P 借贷平台欺骗投资人，而是借款人没有一直占用投资人那么多的资金。要想获得等同于年化利率的真实收益，投资人在每月收到还款后，再把这些还款都投资出去才可以。

等额本息法的计算过程比较繁琐，因此一般 P2P 借贷平台都提供还款计算器供投资人使用，不用借款人自己解方程。

到期还本付息

到期还本付息是借款人在借款到期时，一次性将本金与利息还给投资人。以小零投资的另外一笔借款标的为例，“期限 2 个月，年化利率 13.2%，投资金额 200 元，到期还本付息”。小零在两个月后收回本金 200 元，净赚利息 200×0.011×2=4.4 元。

到期还本付息的计算方法最为简单，投资人也最容易理解。

按期付息到期还本

按期付息到期还本，包含按月付息到期还本、按季付息到期还本等方式，即在每个月或季度返还给投资人利息，借款到期后一次性返还本金。假设钱多美投资了一个借款标的，“期限 3 个月，年化利率 12%，投资金额 1000 元，按月付息到期还本”。

那么借款人每期的还款金额如表 7–2 所示。

表 7–2

期数	当期还款本息	当期还款本金	利息	剩余未还本息
第 1 期	10	0	10	1020
第 2 期	10	0	10	1010
第 3 期	1010	1000	10	0

从表中可以看出，借款人累计归还的本息为 1030 元，投资人获得的总收益与到期还本付息相同，只是前者每月都能获得 10 元的利息，而后者在借款到期时一次性获得 30 元的利息。

小知识：等额本金还款

1. 等额本金还款是借款人每期归还相同本金的一种还款方法。P2P 借贷平台很少使用这种方式，因为该方式的前期还款负担比较重。但是银行贷款有时候会使用这种方式，例如在申请住房按揭贷款时，借款人就可以选择是采用等额本息法还是等额本金法。
2. 等额本金法把贷款本金按照总期数进行等分，每期偿还同等数额的本金和剩余贷款在该月所产生的利息，它的特点是，借款人起初的还款压力较大，随时间推移每月还款数额越来越少。假设阿胡仔投资了一个借款标的，“期限 3 个月，年化利率 12%，投资金额为 1000 元，等额本金”。借款人的还款金额如表 7–3 所示。

表 7-3

期数	当期还款本息	当期还款本金	利息	剩余未还本息
第 1 期	343.33	333.33	10	6566.67
第 2 期	340	333.33	6.67	3366.67
第 3 期	336.67	333.34	3.3	0

从表中可以看出，借款人共还本息为 1020 元，略少于等额本息法的 1020.06 元，借款期限越长，二者的差别越明显，等额本金法的总还款金额相对越少，当然它的代价是借款人在前几期归还的本息要多于等额本息法。

A Handbook for P2P Lending

第八章 不要相信他们说的

全宗桶，哦，哈哈，不行，
那咱们就成一宗人了。
圣代！真抠门！
好歹来个全宗桶呗！

3个月后，带着丰收的喜悦，小零拨通了小壹的电话："喂，忙吗？"

"忙。"小壹的声音很疲倦。

"忙啥？"

"婚礼。"

"哦，啊！婚礼，你，什么时候，怎么现在才告诉我，你……"

"可惜新郎不是我……"小壹幽幽地说。

"啊，呸，我还以为你要结婚了呢，幸好……"

"幸好什么？"

"幸好我还不用出份子钱，嘻嘻，我的投资还没赚大钱呢。不过，到今天我总共赚到26块多，请你吃个圣代吧。"

"圣代！真抠门，好歹来个全家桶呗。"

"全家桶，哦，哈哈，不行，那咱们就成一家人了。"

"……"小壹有些失落。

"哦，对了，我最近看了几个平台，又有抵押，又有保障金，利率也不错，号称零风险……"

"不要相信他们说的。"小壹平淡地说。

"不要相信谁说的？你女盆友？"

"想啥呢，我啥时候有女朋友了，不要盲目相信平台说的。"

"为什么？人家说得挺清楚的呀。"

"给你列个提纲，你自己看看他们说的靠谱不。"

"好吧，那我自己看，哦，那还吃全家桶不？"

"真啰唆，不吃！"小壹把手机丢在一边。

说好的"回报率"呢？

无利不起早，大多数投资人选择 P2P 借贷投资的主要原因是其"高收益"，每个项目动辄 10%～20% 的利率的确非常诱人。但是平台宣称的回报率在很多情况下却非投资者的真实回报率。

首先，投资人通过第三方支付渠道向平台充值提现平台一般需支付相关的费用，许多平台还会对投资者收取 VIP 账户费、利息管理费等费用。在投资额较少的情况下，除去这些杂七杂八的费用，也许所剩无几，甚至得不偿失。因此，投资人在进行投资前，需要仔细了解平台投资的有关资费。

投标后，从投标到满标的时间差和起息日的延后（有的平台规定起息日从满标后的若干个工作日才开始），都会延长投资期限。还有一些平台会通过延迟还款等方式拖延提现时间。例如某平台宣称项目到期后资金会在五天内返还到投资人账户，但是遇上节假日自动顺延，那么投资人就有可能一个星期之后才能提现。由于期限变长，收益率自然相对缩水，对于短期项目来说尤其如此。

另外，如果投资人充值后迟迟抢不到标的，资金就不能产生收益，俗称资金站岗。资金站岗在热门平台上是常见现象，与起息日延后相同，它同样会延长投资周期，摊薄投资收益率。

举例来说，投资人阿胡仔盯上了"谦军贷"平台上的一个 31 天借款标的，标的预期利率为 2%，年化利率约为 23.55%。他在 7 月 1 日向平台充值1000元，缴纳充值费5元（0.5%），可是这笔标没有抢到。7月4日，阿胡仔终于抢到了一笔相似的标的，投入了995元。当天项目满标，按照网站的规定，该标从下一个工作日起息。7月5日正好是周六，实际的起息日从7月7日开始。

8月8日凌晨，995元的本金和19.9元的利息如约返回阿胡仔的账户，他决定把这笔钱提到银行卡并提交了提现申请，同样按照网站的规定，提现申请将在下个工作日受理，而8月9日又是一个周末，因此到8月11日，他才在银行卡里收到了995+19.9－1＝1013.9元（其中扣掉的1元是提现费）。

这样算起来，从7月1日到8月11日，阿胡仔的投资周期为41天，投入1000元，获得收益13.9元，实际收益率为1.39%，年化后仅为12.37%，远远低于平台所宣称的24%。

在各种费用与延迟之外，等额本息还款方式也会造成错觉，上一章小零的那笔1000元、3个月、年化12%的投资，很容易让人觉得她的收益应该是30元，但实际上是20.06元，出现这种情况的原因就在于等额本息还款方式。小零想达到12%的年化收益率，必须把每个月的还款立即投入新标的。由于新标的未必能立即抢到，而某些平台的起投门槛较高，不可避免地存在资金站岗现象，投资收益率也会大打折扣。

出现上述各种现象，一般并非是平台故意“为难”投资人，而是出于实际管理和合作机构的要求。从契约精神的角度，只要平台明示了各种收费和期限规定，投资人也表示认可，这些行为就是合法的，需要双方共同遵守。

但是，平台所宣传的投资利率实际上是“名义利率”，投资人真正经历的回报周期、得到的回报金额才构成“实际利率”，二者可能存在较大差别。对此的唯一建议仍是仔细阅读网站说明，真正了解平台的各种条件和要求，不要被肥美的“名义利率”冲昏了头脑，应该理性计算和对待“实际利率”。

这样比较合适吗？

我们先来看看某 P2P 借贷平台在首页与其他各种理财方式进行的对比，这是平台吸引投资人、暗中进行概念替换的常见招数（见表 8–1）。

表 8–1

	银行活期	银行 1 年定存	P2P 理财	银行理财产品	余额宝
年收益率	0.35%	3%	12% 以上	5% ~ 10%	4.5% ~ 6%
安全性	本息担保	本息担保	本息担保	部分担保	商业保险公司担保
投资门槛	零门槛	5 元起存	零门槛	10 万~ 100 万	零门槛

通过上面的表格不难看出，投资者通过 P2P 借贷平台进行投资的收益远远超过其他理财方式，安全系数貌似比某些银行理财产品还高。门槛低、收益高、见效快，真是完美的投资对象啊！

但是投资学的常识就是“高收益，高风险”，现在忽然出现了个“高收益、零风险”的逆天投资产品，聪明投资人的第一反应必然是：

我书读得少，你可千万别骗我哦！

这里面的玄机就在于用担保的概念偷换了“安全性”。实际上，无论有没有担保，P2P 借贷理财与银行类及宝类理财的风险等级都不在一个水平线上，不同理财机构的公信力、风险管理能力、合规经营能力、资金保障和资产处置能力都存在显著区别。

避而不谈这些区别，把安全性仅仅归结为担保措施，这种强调高收益、忽略相应风险的宣传就像一个“迷雾弹”，制造出 P2P 借贷投资无比安全的假象，很容易欺骗投资人的感情，获得小白投资人的青睐，却是在给整个行业挖坑。要破除这种假象，我们需要从理性地分析“零风险”开始。

真的是“零风险”吗？

“零风险”，说得更高大上一些就是“无风险收益”，是一些平台大力宣传（或暗示）的口号，似乎在他们平台上投资会万无一失，投资者根本不用担心风险问题。但实际上，在任何行业，“零风险”这个词都被玩坏了，更不用说本身就是经营风险的金融行业了。

“第三方担保”是很多平台宣传“零风险”的第一大杀器，投资人会得到极强的心理暗示：既然出事时会有人全额赔偿我的损失，那还有什么可担心的？闭着眼投就好了。

首先，所谓第三方担保是需要资质的，平台合作的担保公司是不是真有担保、尤其是“融资性”担保资格，投资人不可不查。没有融资性担保资格的机构是不能为 P2P 借贷提供担保的，出了事找它们赔，它们愿意赔倒好，如果不愿意赔，法律也无法支持投资人的主张。我们可以通过全国企业信用公示系统（网址：http://gsxt.saic.gov.cn/）来查询担保公司的注册资本、经营范围、经营有效期等信息。另外注意，法规规定非融资性担保公司的名称是不能带有“融资”字样的。

其次，融资性担保公司有国家规定的业务要求，最典型的就是“融资性担保公司的融资性担保责任余额不得超过其净资产的 10 倍，对单个被担保人及其关联方提供的融资性担保责任余额不得超过净资产的 15%”。这个要求主要就是防止担保公司过度担保，在借款人违约的时候有足够的资金进行赔付。但由于担保费是担保公司的主要收入，这个收入往往直接取决于其“融资性担保责任余额”，它们存在“偷偷”进行担保，却不把责任余额计入营业报表的冲动。如果担保公司过度担保或审查不严，借款人违约时担保公司无力赔付，损失只能由投资人来负担了。从 2013 年下半年开始，很多担保公司跑路、破产、倒闭，这个势头极有可能蔓延到与 P2P 借贷平台合作的担保公司，投资人需要保持警惕。

第三，第三方担保需要在借款合同中明确约定，或者作为从合同出现。如果合同中没有找到这些约定，平台所宣称的担保可能仅仅就是“宣传”而已。即使合同中有明确约定，个别无良平台也可能玩出各种花样。以 2014 年 6 月跑路的网金宝为例，该平台曾宣称其担保方是湖北中州投资担保有限公司，但是在平台跑路以后，大部分投资者才得知，担保公司与借贷双方签订的担保合同是网金宝伪造的，湖北中州投资担保有限公司根本就跟网金宝没有任何关系。

此外，还有一些平台宣称的担保是对平台自身进行担保，并不是对投资人进行担保。一旦出现借款人违约的情况，平台会作为受益人获得担保方的赔偿，投资人是否能得到赔偿取决于平台长久经营的愿望。更严重的是，在这类“担保”模式中，平台并不是投资人，与借款人不存在借贷关系，担保方单独对平台进行担保可能并不符合法律规定，有无效合同（合同的内容不被法律承认、支持和保护）的可能。所以投资人在投资前一定要谨慎核实担保方和合同的真实性以及担保主体、受益人，即便平台引入第三方担保也没有绝对的保障。

小知识：融资性担保公司与非融资性担保公司有什么区别？

根据我国的法律规定，融资性担保公司可以经营贷款担保、票据承兑担保、贸易融资担保、项目融资担保、信用证担保以及其他融资性担保业务；非融资类担保公司的业务范围相对小一些，仅可以开展诉讼保全担保、投标担保、预付款担保、工程履约担保、尾付款如约偿付担保，以及与担保业务有关的融资咨询和财务顾问等中介服务。

由此可见，非融资性的担保公司是不能经营贷款担保的，但目前某些 P2P 借贷平台合作的担保公司并不具备融资性担保资质。有些平台宣称由小贷公司提供担保，小贷公司的担保资质是个更加复杂的问题。大部分小贷公司并不具备这一资质，某些小贷公司经当地政府批准可以从事融资性担保业务，但存在着极其严格的条件和限制。因此，投资人与小贷公司签订担保合同，面临的问题与担保公司相同，需要对小贷公司的融资性担保资质进行详细审查，否则可能面临无效合同的危险。

抵押 / 质押就没问题了吗？

抵押是很多平台宣传“零风险”的第二大杀器，它的逻辑也很简单，借款人有房产、汽车押在我手里，价值远远超过他的借款额，还不上钱我就卖掉这些东西抵债，够安全了吧。

其实，抵押的水跟担保一样深，借款人和平台都可能存在猫腻，包括：

第一，有抵押，但不说抵押品是什么。这种情况在某些平台存在，如果平台不能说明具体抵押物，投资人很难判断抵押物的价值是否真能覆盖借款价值，存在平台故意隐藏风险的可能性。

第二，说了抵押品是什么，但没有进行充分的披露。这里最大的陷阱就是抵押品没有登记。根据《担保法》的规定，抵押物一般必须登记，抵押合同才能生效。如果没有登记，而借款人又就同一物品与他人签订了抵押合同，并进行了登记，那么投资人将很难获得这个物品的抵押权益。

第三，抵押品暗藏玄机。例如，借款人做房屋抵押时进行二次抵押（或称余额抵押），如果房屋已经抵押给银行，银行对该房产拥有优先权利，平台或投资人的权益可能无法得到保障。再如，房子的产权存在问题（小产权房等）或者产权复杂（多人共同占有、房屋所有人存在争议等），平台和投资人都有可能被这些陷阱欺骗，无法在投资前进行有效的风险预估。

第四，把抵押曲解为质押，在第二章的小知识中我们介绍了抵押和质押的区别，这些区别使得对抵押品的处置存在诸多不便之处。如果平台故意误导或者投资人存在误解，风险会被严重低估。

第五，无论是抵押或质押，都存在物品的价格变化或处置困难的问题，投资人或平台可能故意标高物品的价格；物品的实际价格可能发生巨大变动（如前几年的钢铁行业）；某些物品可能很难变现（例如古董、股权等）。

上述各种情况貌似极端，在抵押、质押担保市场却从来不缺乏个例。这从一个侧面说明抵押或质押绝不是万无一失，它的风险远比投资人想象得大。普通投资者如果对这些环节没有辨别能力，又盲目相信平台的宣传，很容易过度乐观而忽视了标的本身的风险。

本息 / 本金保障总够了吧？

在担保、抵押之外，很多平台推出了本息 / 本金保障计划，承诺借款人出现违约时，平台将先行赔付投资人损失的本息 / 本金。这些计划表现出平台保障投资人资金与收益安全的十足诚意，在发生问题时，也大都兑现了承诺，受到绝大部分投资人的热烈欢迎。

但投资人需要注意的是，一些本息 / 本金保障计划并不是无条件的，有的仅针对该平台的 VIP 客户，投资人需要支付 VIP 年费才能享有。有的计划仅针对平台上某些特定类型的借款标的，并非所有标的都能享受保障。还有些平台的保障计划比较复杂，需要认真解读，例如在某个网贷平台上 100% 本金保障规则的介绍文字如下：

1. 符合以下条件，自动享受本金保障。

(1) 通过身份认证。

(2) 成功投资 50 个以上借款列表（同一列表的多次投标视为一次）。

(3) 每笔借款的成功借出金额小于 5000 元且小于列表借入金额的 1/3。

2. 满足上述条件后，若满足条件列表的坏账总金额大于收益总金额时，×× 贷将在 3 个工作日内赔付差额。

根据第 1 条规则，一个新人如果希望实现本金保障，首先至少要投资 2500 元，因为每笔投资最低 50 元，成功投资 50 次以上，才能满足最低的要求。其次，投资单个标的的资金额既不要超过 5000 元，也不要超过该标的借款总额的 1/3，对于几百元、几千元的小额借款标的，这个条件尤其要注意，因为很容易就超过总额的 1/3。

第 2 条规则中的“若满足条件列表的坏账总金额大于收益总金额时”，这个条件至关重要，却经常被忽视或误解。它并不意味着单个标的违约产生坏账时平台就会赔付，而是指投资者在该平台上满足前两个条件的所有投资整体上出现亏损时，才会赔付相应的亏损，而且仅限于本金。

举例来说，钱多美已经在该平台上投资了 2 万元，所投标的全部符合第 1 条规则的要求，已获得收益 3000 元。她现在又投资了 2000

元，同样符合第 1 条规则的要求，结果借款人拿钱就跑了，钱多美出现 2000 元的本金亏损。此时平台并不会赔偿钱多美，因为她的总收益为 3000−2000=1000 元，不符合第 2 条规则。或者说平台认为钱多美在平台上总共投入了本金 2.2 万元，现在仍有 1000 元的整体收益，真实的本金没有亏损，因而不需要赔付。

因此有些本息 / 本金保障计划看似简单，理解其具体操作却并不容易。即使对于“无条件”赔付计划，也经常存在以下几种情况：

平台没提供保障计划的资金来源，笼统地宣称以自有资金进行赔付。这种做法看似对投资人有利，实际上是平台的自我担保，属于监管部门多次告诫不可逾越的“红线”，在平台拒绝或无力赔付时，投资人的要求可能得不到法律的认可、支持。

平台明确告知保障计划的资金来自于对每笔借款的部分提成，不作为平台收入（或超过一定比例的才作为平台收入），存放于专门账号，并事先明示借款人和投资人。这样的计划基本上不存在法律风险，但是其赔付额度以专门账号中的资金量为限。也就是说如果当期专门账号中的资金为 10 万，而本期的违约损失为 15 万，那么有 5 万在本期是没法赔付的。至于下一期是否继续赔付这 5 万元，有的平台规定滚动到下一期继续按比例赔偿，有的则未作说明。

有的计划赔偿本息，有的赔偿本金，即使在同一个平台，针对不同的标的类型，赔付范围可能也是不同的。

很多保障计划并不是借款人一逾期就开始赔偿，而是逾期达到一定的时间（例如 1 个月或 3 个月）后才赔偿，这种情况下投资人会损失一些回款再投资的收益。

因此，即使最诚实、靠谱的 P2P 借贷平台，对于本息 / 本金保障计划也会有各种各样复杂的规定，以应对复杂的违约情况。投资人需要对计划说明书仔细阅读、周到理解，对其中模糊、疑惑之处可直接联系平台客户进行询问，避免因疏忽、误解或想当然而蒙受“意料之外”的损失。

第九章
我该相信谁？

A Handbook for P2P Lending

无视平台宣传，
开始自己判断。
哈哈哈
真的呀？
我这么快就升级了？

“天呐！满脸都是坑，满眼都是泪啊！”小零向小壹发出哀号。

“……”

“我钱都投了，你才让我看这个！一大清早的，刷牙的心情都没有了。”

“怕了？那就‘小白选平台’。”

“人家不是想多赚个小钱请你吃全家桶嘛。”

“哥减肥！”

“减你妹，这年头我都不知道该相信谁了。”

“相信自己，相信伙伴，现在你已经不是小白投资人了。”小壹深沉地说。

“真的呀？我这么快就升级了？哈哈哈哈。”

“无视平台宣传，开始自己判断。”

“判断啥？”小零突然发现，自己貌似除了零食就没啥会判断的了。

“比如说你对我的……”

“那伙伴是谁？”

“……”小壹半天没有回复。

“谁呀？真磨叽！”

“给你资讯、帮你思考的人。”小壹下线了。

从哪里获得第一手的资讯？

目前 P2P 借贷服务行业的资讯获取主要有以下几个渠道：

1. 正规媒体的报道

随着 2013 年互联网金融的爆发，正规的财经媒体开始关注这个渐渐兴起的行业，中央电视台 2 套、21 世纪经济报道、第一财经、每日经济报道等大型媒体都会有一些行业介绍。对于业内的突发事件也会及时跟进报道。但毕竟传统财经媒体人与投资人的出发点存在着较大的差异，前者更多关注的是新闻热点，而非投资指南。这些资讯的操作价值不高，不过是了解行业整体情况、监管动向和行业新闻的好途径，公信力比较高。

2. 互联网金融专业网站

互联网金融的兴起也导致专业研究和服务平台的诞生。这些平台以理论研究、行业研究、案例研究为主，发布的内容一般比较规范、严谨，资讯的真实性和可靠性较高，是一个相对专业的资讯获取渠道，包括大量与 P2P 借贷相关的内容，如：未央网（http://www.weiyangx.com）、零壹数据（http://data.01caijing.com）等。

3. 借贷平台的论坛

很多 P2P 借贷平台都在他们的网站上开通了论坛功能，这些论坛活跃着大量的投资人。小到一分钱的计算误差，大到平台的新产品、新规则，投资人都会在这些论坛上进行详细提问和讨论。为了促进沟通和互动，论坛经常由专门客户或专业人员主持，交流效率较高，有些平台的负责人甚至都会经常出现在论坛里解答问题。

有的资深投资人也在论坛发布一些自己的投资经历、行业观点，对平台提出建议，新手可以从中学习到实用经验。平台的一些推广活动、奖励计划也经常会在论坛上发布。因此，平台论坛是投资人需要经常去逛的地方，可以最快了解平台的各种新问题、新动向，而且可能还会有意外收获。

4. 社交媒体（知乎、微信、微博、QQ）

社交媒体是很多资深投资人都会经常参与的交流方式，一些经验老到的投资人更喜欢通过观察知乎、微信、微博、QQ 群等渠道转发、讨论的消息，对市场做一些细致的分析和判断。

目前知乎上有很多平台负责人或运营者在上面回答问题、宣传平台，信息相对比较专业。微博、微信、QQ 的消息传播十分及时，便于第一时间掌握行业、平台的第一手资讯。但这些渠道的信息量庞大、混杂，有价值的信息容易被湮没，误导性的信息也比较多，投资人需要对其中的信息进行鉴别。

5. 线下论坛、聚会、座谈、茶话会等

这是大额投资人或资深投资人获得信息的主要方式，他们更信赖面对面的交流，很多重要、隐秘、非公开的信息也能通过线下方式逐渐传播，但影响范围和传播范围有限。不过这种交流是十分高效的，也是拓展人脉的有效形式，在 P2P 借贷投资之余，还会给这些大额投

资人寻找新的财富增长机遇。

目前许多 P2P 借贷平台和第三方研究机构、读书会机构已经在频繁举办这类活动，投资人可以关注其官方网站或 P2P 借贷专业网站的资讯。本书作者零壹财经也会在网站（http://www.01caijing.com）和微信公众号（可在微信中搜索“零壹财经”，带认证标志）中定期整理、发布相关的活动信息。

6. 书籍

虽然受到网络的影响，很多人不再喜欢购买、阅读书籍。但书籍庞大的信息量和周密的内容编排使得它在全面介绍、深度分析等方面的优势无可替代。自 2013 年起，研究机构相继出版了一系列的 P2P 借贷书籍（但数目还不太多），既有适合业内从业人员阅读的行业报告，也有适合普通投资人阅读的科普读物。感兴趣的读者可在京东、当当、亚马逊等电商网站搜索“P2P 借贷”。

如何鉴别资讯的真伪？

网络信息经常找不到源头、真假难辨，可靠性大打折扣，这也是为什么很多有经验的投资人比较喜欢线下交流的原因。但线上交流的及时性、便利性又是线下所无法比拟的，因此大部分投资人的信息还是主要通过网络途径获取。这里我们以社交媒体为例，说明对网络资讯进行分析和鉴别的原则。

1. 考察信息发布者的动机

近两年 P2P 借贷平台的数量如雨后春笋般迅速增长，在目标客户重叠后，平台之间的竞争趋向，这会导致有些平台散布竞争对手的负面信息。也有一些个人出于盲目愤怒或所谓的正义感，在其个人利益受到威胁、损害时进行爆料，还有有些资讯爆料的动机仅仅是为了博眼球。

理性的投资人需要了解发布者的立场从而对这些杂乱的信息进行判断。首先，不要轻易被表面问题蒙蔽，也不要先行判断这属于善意揭黑还是恶意攻击。要重点关注其中的细节是否具体、明确、合乎逻辑，是否有别的证据可以佐证。一般而言，无具体细节的标题式、谩骂式爆料很有可能都是虚假信息。

而在论坛和社区上，如果发现某些特定 ID 连续发布多篇文章赞扬或诋毁某平台，所给出的理由又是众所周知的、笼统的，或者是平台本身所宣传的，或者声称是亲身经历又给不出证明的，尤其是一遇质疑便破口谩骂或“爱信不信”的，那么基本上就可以断定这是平台或者其竞争对手的水军，投资人最好不要相信此类信息。

2. 判断观点是否连贯

曾经有一些论坛的用户或媒体，在一些突发事件期间，短期内发表前后不一致甚至完全相反的观点。比如之前对某个平台态度平平的 ID，在后来发表的观点中会有意无意“流露”对这个平台的好感，随后被证实这个 ID 背后的发布者已经进入到这个平台做推广工作。再比如某个 ID 第一天在问题平台发表了言辞激烈的抨击文章，第二天却又大发赞美之词，最后被爆料原来这个投资人发表这些言论是为了给平台施压，希望尽快让平台处理自己的提现，在平台满足了自己的诉求后，再应平台的要求发布态度截然相反的信息。

这些都是 P2P 借贷论坛上经常发生的案例，为避免投资人受到这些利益相关方的信息误导，建议投资人在阅读某篇帖子的时候，顺便翻阅发帖人在此之前的帖子，以观察该发布人是否属于伪装的平台工作人员，或者是制造假新闻的水军。

3. 亲自验证

如果确实觉得有关的信息很重要，投资人首先可以与信息发布者取得联系，确定最初的信息来源。随后，再与信息内容中的平台取得联系，核实信息是否准确。这个方法很简单，却很有效，通过投资者的亲自验证可以快速辨别资讯的真伪，并非想象的那么复杂。其中的关键在于：不盲从、不偷懒，自己动手、丰衣足食，谣言不但止于智者，也止于勤者。

如何行动？

在了解上述原则之后，作为一名理性成熟的投资人，遇到真假莫辨却又与自身投资相关的重要信息，该怎么进行大胆质疑、谨慎推理呢？

考察爆料（负面消息）的动机：他为什么会有爆料？

分析负面信息的最大受益者：谁有可能会爆料？

涉事平台是怎么解释的，它的应答是否合理，公关的水平如何？

爆料信息的本质是什么，涉及什么问题，问题到底有多重要？是否会影响到平台的生存？

目前，多数 P2P 平台都会设立投资人交流 QQ 群，提前发布标的信息及其他公告，也设有在线客服回答投资人疑问。若投资人有什么疑虑，可以直接咨询客服，但须理性判断答复的真实性和可靠性。

在经过上述思考、求证之后，当以上四个问题的答案都指向存在风险时，投资者一定要迅速提现。负面信息可能是虚假的，但这些负面信息造成的挤兑是实实在在可怕的，即使是正常运作的平台也会被突如其来的大规模撤资拖垮。所以对于平台的负面消息，投资人需要及时求证，果断决策，防患于未然。

真实案例

2013 年发生在深圳的东方创投案是网贷圈比较著名的 P2P 平台跑路案件之一，该平台自 6 月 19 日正式上线到 10 月下旬出现提现困难，三四个月时间内吸引资金 1.26 亿元，涉及投资参与人达 1300 余人，并且截至平台负责人投案自首，仍有 5200 余万本金尚未归还。

东方创投的业务大部分是房产抵押借款，属于较为优质的贷款，银行通道本身较为通畅，而其他借款机构给出的利率也不是太高，而东方创投给出的月利率却能在 3%（年化 36%！）以上，这种商业模式本身就存在着很大的疑问。

东方创投事发前，有人在论坛上揭露其负责人其实早已经负债累累，信用记录极差，并且给出了相应证据，直接指出东方创投是骗子公司，言之凿凿，在论坛引起了轰动。而东方创投的负责人也在该帖下面对发帖者的质疑进行了一一回应，同样有条有理、声情并茂。此时投资人如果按照本章提供的方法，对其逻辑进行验证，很容易发现其各种漏洞，在尚未出现提现困难时及时保全自己的财产。

此后，还有人在论坛发帖声称亲赴深圳，替投资人维权，实际对平台百般维护。其他投资人对其言论逐一进行反击，确定其为东方创投的“脏托”。该人随后又写了几篇维权帖，但因为公信力已经丧失，他再说什么别人都不会相信了，反而加重了人们对平台的反感。

东方创投负责人及其“脏托”的谎言被拆穿，直接导致了疯狂挤兑，并最终将平台拖垮。这个案例反映出：问题平台的骗术往往并不高超，很多情况下还是相当低级的，因为真正制造完美假象也需要很高的造假成本，骗子往往不会这么做。只要投资者多花些心思，多注意细节，就可以鉴别大部分的资讯，避开很多陷阱。

A Handbook for P2P Lending

第十章 休息，休息一下

例如更怎么看标的信息、
合同内容、平台风控等，
我觉得这些更重要呀。
帅！

“其实我觉得你还少说了好几点。”小零得意地对小壹说。

“讲！”

“例如更怎么看标的信息、合同内容、平台风控等，我觉得这些更重要呀。”

“帅！”小壹甩过来一个大拇指。

“那你给小伙伴讲讲呗。”

“不！”

“舌头烂啦？一次只蹦一个字，又在玩游戏呢？”

“没！”

“有完没完了？快给我讲！”

“累！”

“这就累啦？你是不是烦我了？不想给我讲就直说，我还不稀罕呢！”

“看！”小壹发过来一个窗户的图标，小零下意识地向窗外看去。

窗外斜阳正好，清风吹拂，金黄色的世界里，一群鸽子扑棱棱飞至苍茫。

草地上有几位老人正在谈天说地，一对恋人依偎着走向远处，还有一个模糊的身影，熟悉而甜蜜。

“我来啦……”小零欢快地合上笔记本。

本章没有内容

从 P2P 借贷的概念开始，到投资人偏好测试，到 P2P 借贷常见术语的解释，到简单筛选靠谱平台，到投资前的注意事项，再到投资示例、收益计算、风险鉴别和资讯鉴别。

我们已经走了很远，现在是小憩的时候了，让这些信息在头脑中自发生长、发酵、沉淀，最终生根发芽，成为自己的知识。

出去走走

投资不是人生的全部，理财也不是，生活才是。

无意中闯入 P2P 借贷的迷雾，在灌满一脑浆陌生的信息之后，太阳照常升起，工作一如既往。唯一悄悄变化的，往往只有内心的沉静。

轻舒一口气，像小零一样走出房间，与小壹携手漫步，休息一个下午，忘记 P2P 借贷，忘记投资，忘记理财。

毕竟，后面还有更加高端、邪恶、好玩的东西在等着你。

A Handbook for P2P Lending

第十一章 投资人画像

P2P
我觉得吧，
P2P借贷投资还挺有意思的，
但也挺难的。
难吗？

“我觉得吧，P2P借贷投资还挺有意思的，但也挺难的。”小零惬意地伸了个大懒腰。

“难吗？”

“难呀，要不然投资人怎么那么少呀？”

“少吗？”

“作死呀你？昨天一句话只说一个字，今天变俩字啦？”

“看看。”小壹打开电脑，把屏幕推到小零面前。

“这是啥？”

“画像。”

“谁的画像？”

“P友。”

“哎呀，老兄真是厉害，为了少说几个字，把P2P借贷投资人都简称P友了，我可以说我想多了吗？”

小壹笑了笑，没说话。

随着屏幕的翻页，一行行数据，一幅幅图表跃入眼帘。小零深吸一口气，感觉一幅庞大的、五彩斑斓的画面缓缓展开。

画面里无数熟悉的、陌生的、想到的、没想到的人，现在他们有了一个统一的标签“P2P借贷”。

小零看得如痴如醉。

“讨厌，老实点！”小零忽然对小壹说。

有多少人和你一样？

根据零壹数据统计，2012 年全年参与过 P2P 借贷投资的人数大约在 10 万人左右，这一数字在 2013 年跃升到 100 万人。预计 2014 年的人数将超过 150 万，累计人数可能接近 200 万。

参与本书调研的 17 家 P2P 借贷平台（详见本书正文之前的“数据合作单位”列表），其累计投资人数总和超过 190 万。考虑到一名投资人投资于多家平台为常见现象，190 万的数字存在重复，这 17 家 P2P 借贷平台的实际累计投资人数也应在 60 万~ 70 万。

200 万不是一个大数字，在全国 13 亿多人口中微不足道，仅占余额宝用户数的 2%。对于大多数人来说，P2P 借贷这个拗口的中英混血名词只在新闻报道中看到，偶尔点错广告进入一家 P2P 借贷网站也经常会眼花缭乱、不知所云。由于经常爆发的平台跑路事件更能吸引人们的关注，非法集资、高利贷、庞氏骗局几乎成了 P2P 借贷的代名词，甚至使得很多人达到了谈 P2P 借贷色变的地步。

然而，拨开喧嚣的面纱，进入 P2P 借贷的世界，人们往往会发现：这个世界远远比想象的大，200 万的数字就是明证。这个群体有初入社会的阿哥阿妹，有生活平稳的叔叔阿姨，有勤俭持家的大伯大婶，甚至有乐天知命的爷爷奶奶。他们有各自的经历、职业、生活，在业余时间看看电影、喝喝茶、理理财。他们像你我一样，不是赌徒、不是土豪，而是普普通通的理财人。

他们都是谁？

零壹财经向多家主流的P2P借贷平台发放了投资人调查问卷，共收回有效问卷17份，通过对这17份问卷答案的详细统计，我们有幸观察到了P2P借贷投资人的“众生相”（见图11-1）。

1. 性别比例

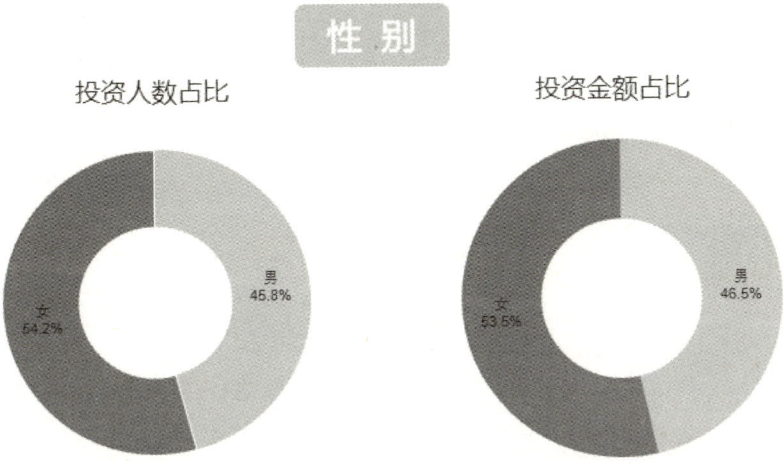

图 11-1

由图11-1可以看出，P2P借贷投资人的男女比例协调，女性为54.2%，稍微多于男性，二者的投资总金额与这个基本比例一致。这个数据说明了男女平等的教育工作在P2P借贷投资领域极为成功。

2. 年龄分布

年龄分布方面，25岁以下（90后）的投资人占10.4%，投资金额占 4.1%；25 ~ 35 岁（80 后）的人数占 42.6%，投资金额占 31.7%；35 ~ 45 岁（70 后）的人数占 26.9%，投资金额占 24.6%；45 岁以上的人数占 20.1%，投资金额占 39.6%（见图 11-2）。

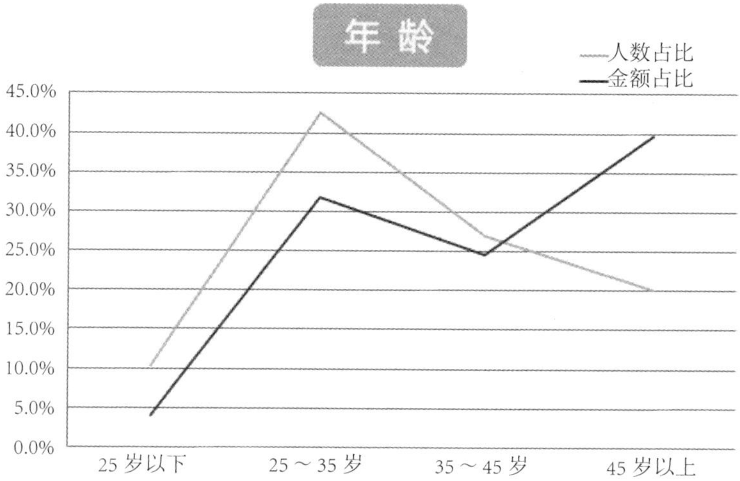

图 11-2

从人数上看，70、80 两代占据主流，合起来的占比接近 2/3；但从投资金额上看，45 岁以上的大伯大婶、爷爷奶奶们出手阔绰，以 1/5 的人数占据了 2/5 的资金。这有力地说明了年纪越大越有钱的道理。

90 后尽管暂时处于弱势，"小荷才露尖尖角"，但无论是人数比例还是金额比例都处于上升通道。这个数据可与余额宝进行比较，余额宝用户中 90 后的人数占比为 32%，金额占比不足 7%。看来要找 90 后的土豪，P2P 借贷投资圈比余额宝投资圈更靠谱，前者的投资金额远高于后者。

同样，80 后在 P2P 借贷和余额宝方面也表现出比较强烈的反差。80 后余额宝的人数占比约 44%，金额占比约 50%。说明总体而言，80 后更喜欢安全、省心的理财产品，更舍得在余额宝上投资，而不是 P2P 借贷，风险偏好程度远远不如 90 后。70 后及更年长的人群在风险偏好程度上的两极分化程度比较严重。

3. 学历分布

学历分布方面，高中及以下的投资人占 12%，投资金额占 29%；中专、大专学历的投资人占 19%，投资金额占 30%；本科及以上学历的投资人占 69%，投资金额占 41%（见图 11–3）。

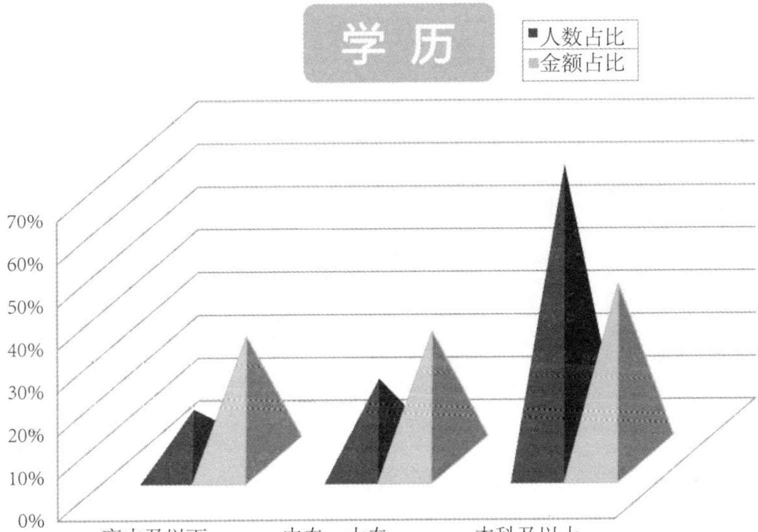

图 11–3

学历分布反映了这样一个规律：学历较低者投资金额偏高，相应的，学历较高者投资金额偏低。这说明学历越高，风险偏好程度越低，越在意资金的安全，因此在投资 P2P 借贷方面比较谨慎。

4. 地域分布

在地域分布上前 8 名排行榜上，我们可以看到北京的投资人名列前茅，投资人数占比和投资金额占比均高于其他省市，安徽、上海和广东占据第二梯队。总体上看，投资者集中在北上广及长三角地区（见图 11–4）。

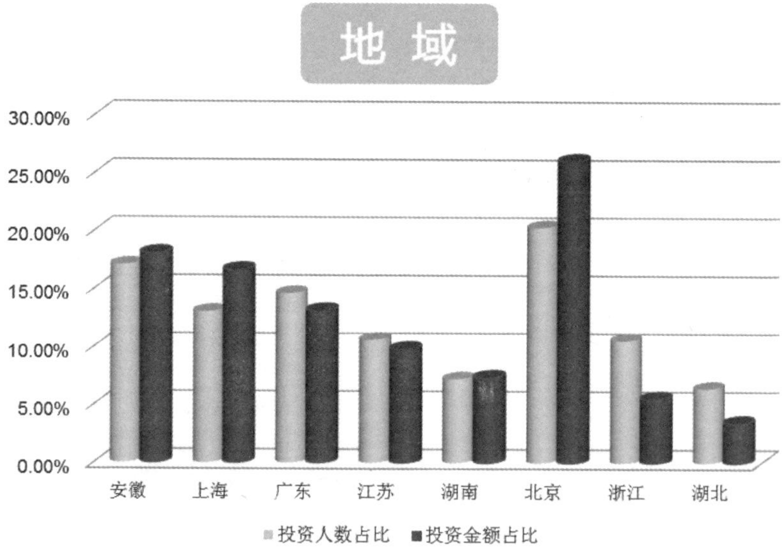

图 11–4

他们喜欢什么？

1. 性别因素

男性、女性投资人在选择借款标的的期限方面并没有显著区别，总体而言，大家很喜欢 6～12 个月（含）的产品，最不喜欢 1 年以上的长期产品（见图 11–5）。

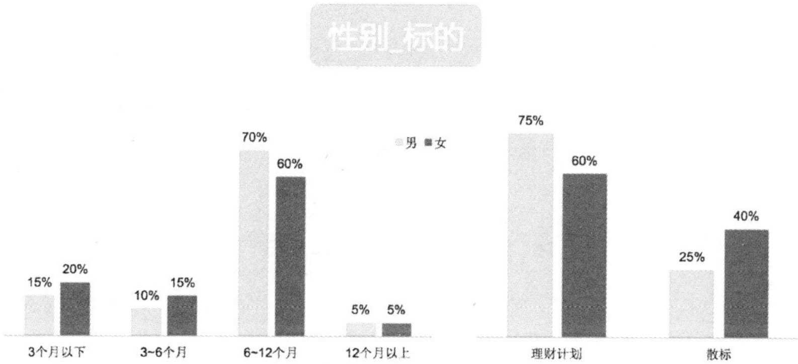

图　11–5

对于理财计划和散标，大多数投资者更喜欢理财计划，相对而言，男性投资人更喜欢中长期产品和理财计划类产品，这生动地说明了男人的一个特点：懒！

2. 年龄因素

年龄对标的类型的选择有明显的影响。90 后最喜欢 3 个月以下的短期产品，这可能跟他们的闲钱有限、短期资金周转需求旺盛有关，他们很难接受一年以上的产品，喜欢快进快出（见图 11–6）。

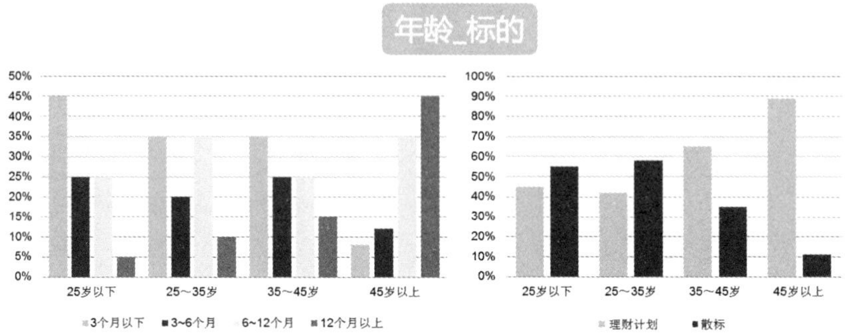

图 11-6

45 岁以上的人群正好相反，他们更喜欢长期产品，期限越长越喜欢，这说明他们的闲散资金较多，追求长期、稳定的收益，而不愿意来回来去的折腾。这一偏好同样表现在他们对理财计划的强烈青睐，能不抢标就不抢，把钱一次性地投入理财计划，静静地等着每个月的收益哗哗落入钱袋，多爽！

70 后和 80 后对于产品期限的选择说明这两个群体有比较严谨的理财规划，一多半的钱投入短期产品（6 个月以下），以便随时收回资金备用；另外一少半投入中长期产品（6 个月以上），获取稳定收益，省力、省心。

3. 学历因素

学历因素也明显地影响到了投资人对于标的类型的选择。学历较低的投资人更喜欢短期产品和散标；学历较高的投资人则相对青睐中长期产品和理财计划。这一特性与学历对投资金额的影响相匹配，学历较低者风险偏好程度高，追求效率；学历较高者风险偏好程度低，追求稳定、安全（见图 11-7）。

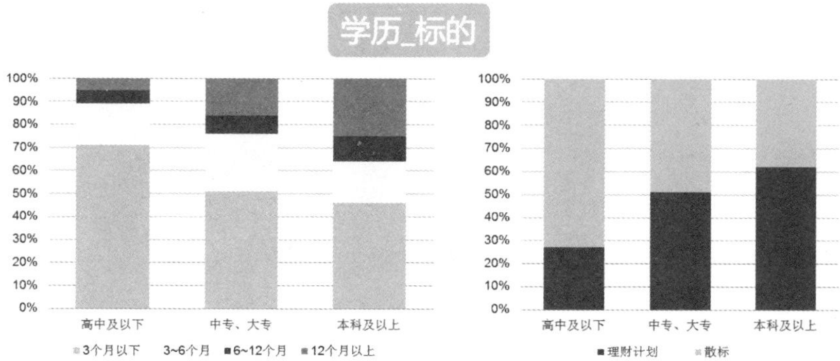

图 11-7

4. 投资利率

尽管投资人的特点各不相同，但对利率的追求基本上是一致的，这里不单独分析。投资人最喜欢的利率区间为 12% ~ 18%，相对来说，

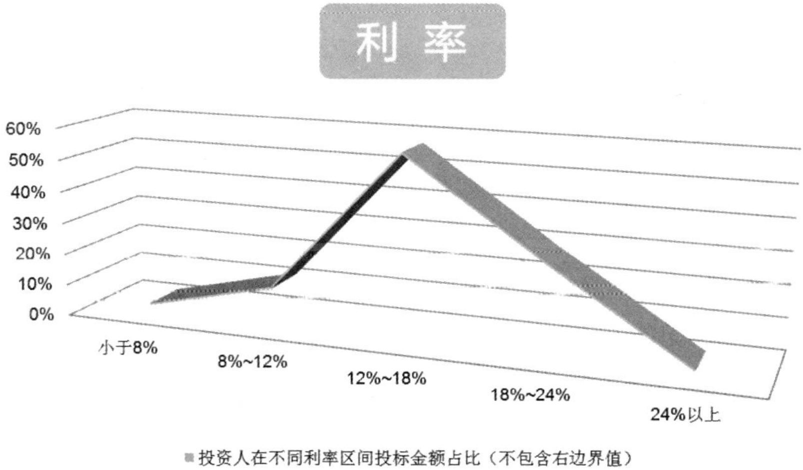

图 11-8

这是一个风险与收益比较均衡的一个区间，虽然不能暴富，安全性却有一定的保障（见图 11-8）。

从这个均衡区间向两端延伸，更多的投资人热衷于收益甚于安全，喜欢 18%～24% 的投资人明显多于 8%～12%。24% 以上和 8% 以下的产品，前者因为危险性太高（收益越高的平台倒闭得越快），后者因为收益太低（扣去杂七杂八的手续费，加上折腾的成本，可能还不如余额宝呢），基本上都被投资人枪毙了。

当然，投资人的这些选择也跟平台提供的产品有关，大部分平台提供的利率都在 12%～18% 之间，这个时候投资人只能接受，想选别的？没有！

考虑到 P2P 借贷行业的利率下降是个必然趋势，留给投资人的安全高收益产品已经越来越少啦，低风险、中低收益将是以后的主流，投资人且行且珍惜吧。

他们的故事

阿飞的新 APP

阿飞是个西部小镇青年，最大的爱好是洗剪吹，由于过于痴迷头发打理技巧，高考成绩不理想。眼看着同学们纷纷去外地读书，阿飞也决定见识一下外部世界的洗剪吹。于是他只身来到深圳，在一家美容美发馆做实习理发师。

某天晚上，下了班的阿飞回到宿舍，打开手机寻找最热门的小游戏。午夜 12 点，如同筹备吃食的小零一样，他鬼使神差地点击了那个名叫“谦军贷”的链接，与小零不同的是，他的点击没有转向网站，而是下载了“掌上谦军”APP。

那一晚，阿飞思前想后，辗转反侧，纠结到凌晨时，他忽然坐起来，用颤抖的手点击了“投标”按钮，向“谦军贷”投资了 3000 元。这 3000 元阿飞积攒了一年，每个月攒 1000，但总是在第三个月清零。原因嘛，得问著名的网络 KTV 社区 36 唱吧了。据说这个唱吧的当红歌手“静不静静”每季度会收到一辆价值 3000 元的凯迪拉克。

“与其送给‘静不静静’那个骗子，还不如投资呢，赚就赚了，赔了，就当又送给她一辆凯迪拉克！”阿飞愤愤地想。

三个月后，阿飞正在帮客人烫头，“哔哔哔哔”，手机忽然响了。“上班时不许带手机！”黄经理严肃地对阿飞说。阿飞笑了，他知道黄经理这人嘴硬心软，文化低、收入高，一直对他很照顾。他不慌不忙地拿出手机，看了一眼屏幕，忽然兴奋地叫道：“赚了，我赚了！”

“赚什么了？激动成这样？!”黄经理加重了语气。

“网贷投资啊，谦军贷帮我赚了小 200 块！”

“我当多少钱呢，200 块这么兴奋，至于吗？”

“我就第一个月充了 3000 块，往后每月又多投 1000，现在就赚了快 200 了，这样一年下来能赚 1000 多呢。”

“真有这好事？”

“我能骗你吗？”阿飞把手机递给黄经理，“你自己看。”

“真的呀，这个靠谱不？”

“我一开始也怀疑，这都三个月了，挺正常的。”

“嗯，我信任你，帮我投 20 万！”黄经理低调地说。

“这个……”

“我也投 100 万。”正在烫发的客人扭过头，平静地说。

“不行！”

“为什么？不是靠谱吗？”黄经理和客人一起问阿飞。

“投资只能自己来。来，我把‘掌上谦军’这个 APP 发给你们！”

盈盈的旅游梦

盈盈是名牌大学计算机系的一名高材生，人称“编程女神”，毕业后到某著名 IT 公司工作。此后的工作、生活一路顺风，谈恋爱、结婚、生孩子、还房贷、照顾父母。生活平静而充实，转眼就到了 30 多岁，盈盈总觉得有点平淡。

“你最近好像心情不好啊？”丈夫胡冲体贴地问。

“我想出去旅游。”

“去哪啊？”

“去阿拉斯加看极光。”

“这个，得好几万块吧？”

“是啊，再不去玩就老了。”

“……”胡冲默默地点了点头，没有再说话。

随后，工作继续，生活继续，盈盈似乎忘记了去阿拉斯加的愿望，但实际上，这个愿望一直藏在心底，渐渐成为一个梦。

一年后的结婚纪念日。胡冲递给盈盈一个信封，盈盈打开一看，惊呆了：信封里是两张去阿拉斯加的机票。

“这怎么可能？”盈盈欣喜地问。

“怎么不可能？”胡冲一副无所谓的样子。

“钱哪来的？你的小金库都在我手里呀。”

“嘿嘿，我把给宝宝的教育基金，还有每季度给爸妈的钱都先投资，到期把本儿取出来给爸妈，这是投资的利息呀。”

“怎么能有这么高的利息？”

“P2P 借贷你听说过吗？”

“P2P 借贷……好像我们同事提到过呢，因为不懂，就没在意，这个安全吗？”

“我考察了好几个网站呢，又问了几个投过的朋友，最后选了一家最靠谱的。利息不算特别高，但是总比存银行高多了，你看你的旅游经费这么快就攒够了。”

“老公，你真是太棒了！”盈盈给胡冲抛来一个浓浓的媚眼。

“那是！老公是干什么的？就是用来满足老婆的梦想的啊。”胡冲接过媚眼，得意地说。

赵大妈与老伴的战争

家住上海的赵大妈是个出了名的热心人，儿女移民国外，她和老伴也已经退了休，天天散散步、跳跳舞，颐养天年，日子过得称心如意。可是这两天，她跟老伴爆发了一场激烈的战争。

“钱呢？钱哪里去了？”赵大妈严厉地问。

“借人了。”老伴平静地回答。

“借谁了？”

“隔壁老王啊。”

“那把老王叫来对质！”

“咋对质，他昨天不是出国了吗？”

“早知道隔壁老王会躺枪，老王昨天出发前我就给他打过电话！”赵大妈把手机扔到老伴面前，“要不要听下录音？”

“啊？！”老伴的脸涨成猪肝色，“你怎么能这么机灵？”

“少废话，快交代钱去哪了！”

“去投资了……”在赵大妈严厉的目光拷打下，老伴坚持了半分钟，终于崩溃了。

“投哪了？”

“这个，这个，网贷……”

“什么，你竟然敢投资网贷？这东西是骗人的你‘造’吗？多少人被坑了你‘造’吗？国家要严厉打击的你‘造’吗？”

“……”

“亏了多少？”

老伴打开电脑，登录自己的账号，列出交易明细。

“啊，你竟然赚了！一年赚了 5 万块，你可以啊。”赵大妈不禁对老伴刮目相看。

“是黄工告诉我的，他比我早投一年，看稳妥才告诉我的。”

“少废话，同谋还有谁？”

“有黄工、有老李、有隔壁老王，好些人呢，还有……”

“还有谁？”

“咱女儿也有钱在里头。”

“穿上外套，出门！”赵大妈严厉地说。

“干什么呀，不要找他们闹啊，他们是无辜的……”

“你们一共投了多少？”

“合起来有 200 来万吧。”

“真没头脑！”赵大妈鄙夷地说。

“没赔，赚不少了呀。”

“走，咱们去找这家平台，咱们这么多的资金，他们竟然不给个优惠价，你们呀，真没头脑！”

“……”老伴无言以对，唯有泪千行。

A Handbook for P2P Lending

第十二章
平台 SYTLE

所谓的模式

P2P 借贷作为一种基于网络平台的点对点借贷模式，它至少包含了三个参与方：借款人、平台和投资人。国外的平台大多从网络上直接获取借款人和投资人，模式比较简单。国内的 P2P 借贷行业则根据具体国情、地域特色和平台自身优势，对 P2P 借贷的各个环节进行细化，形成了多种多样的"P2P 借贷"模式。

例如，对于借款人的寻找，有的平台在互联网上（线上）进行，有的只在现实世界（线下）进行，也有的线上、线下混合进行；对于借款人的类型，有的平台侧重于普通个人，有的侧重于小型工商户，有的侧重于中小企业主。对于投资人的寻找、投资产品的设计等，都有五花八门的方式，如表 12-1 所示。

表 12-1

<table>
<tr><th colspan="3">参与方</th><th>内容</th><th>特点</th></tr>
<tr><td rowspan="4">借款端</td><td rowspan="4">获客途径</td><td>线上</td><td>直接通过网络推广、电话营销等非地面方式寻找借款人，对借款人的征信与审核也大都在线上完成。</td><td>对信贷技术要求高，在积累一定的经验之后，后期发展潜力较大。</td></tr>
<tr><td>线下</td><td>通过线下门店、地面销售人员寻找借款人。</td><td>成本高，但是只要投入足够的资金，业务推广能力较强。</td></tr>
<tr><td>混合</td><td>同时拥有线上获客渠道和线下获客渠道。</td><td>既可快速推广业务，又可积累数据审贷经验，管理复杂度高。</td></tr>
<tr><td>第三方</td><td>平台自己不直接寻找借款人，而是通过第三方合作机构（例如小贷公司、担保公司）进行。</td><td>平台与合作机构分工明确，有利于发挥各自的优势，但是业务流程的分割增加了合作双方的风险。</td></tr>
</table>

（续表）

参与方			内容	特点
	借款人类型	普通个人	借款额小，一般10万以下，多为信用借款。	由于金额小，借款人开发成本和审贷成本相对较高。
		小型工商户	借款额稍大，从几十万到上百万。	优缺点比较均衡，形成P2P借贷的中坚力量。
		中小企业主	借款额较大，从几百万到上亿。	要求平台有较强的信用评估和风险控制能力。
平台	撮合方式	直接撮合	投资人直接在网站上投标，向借款人出借资金。	信息公开展示，撮合成本较低。
		债权转让	由专业放款人拿自有资金放贷，然后把形成的债权转让给投资人。	多用于线下平台，可充分发挥专业放款人的能力优势和灵活性。
	产品类型	信用贷款	额度低，借款人不需要提供任何抵押物，办理较方便。	速度快、风险高、利率高。
		抵押贷款	需要借款人提供一定的抵押品（多为房产或汽车）。	借款额度较高，风险较低，利率较低
		担保贷款	需要借款人寻找愿意担保的担保公司。	借款额度较高，借款人需要多负担担保费用。
	保障机制	风险保障金	平台从每笔借款中提取一定比例的费用作为风险保障金。出现违约时，以风险保障金的总额为限，对投资人进行本息/本金垫付。	投资人能够获得的保障程度比较明确，但应注意风险保障金账号的真实性和透明性。
		平台担保	平台承诺以自有资金对投资人的损失进行全额本金/本息赔付。	平台深度介入风险经营，实质上从事着担保业务，有踩线的风险。
		第三方担保	由担保公司或具备担保资质的小贷公司对借款进行全额担保。	对担保资质、资金杠杆的审查极其重要。

（续表）

参与方			内容	特点
投资端	获客途径	线上	直接通过互联网推广、电话营销等非地面方式寻找投资人。	对互联网策划、宣传、推广能力的要求较高。
		线下	通过线下活动、当面推销等方法寻找投资人。	成本较高，较适用于特定人群。
	投标方式	手动投标	投资人必须手动选择每笔投资标的和投资金额。	投资人拥有自主选择权，操作比较繁琐，不容易抢到优质标的。
		自动投标	投资人设定投资总额和投标条件，委托平台自动选择投资标的和每笔投资金额。	操作简单，投资人不用手工选择，但自动投标算法可能会引起争议。
		定期理财	对自动投标设置标准化的份额、期限和利率，投资者以购买定期理财产品的形式进行自动投标。	操作简便，但如果平台操作不当，很容易引发资金池的争论，也可能给平台挪用资金留下空间。

由表 12-1 可以看出，由于对 P2P 借贷涉及的主要环节进行了细分和差异化，这些环节类型的组合可产生上百种业务模式。在行业中被广泛采用的业务模式主要包括纯线上、债权转让、担保 / 抵押模式、O2O、P2B 模式和混合模式等。

纯线上 Style

纯线上模式最大的特点是平台几乎从来不进行地面推广，也就是说人们从来没有在地铁口、银行边、商场旁见到过这些平台的推销人员。无论借款人还是投资人，都是通过搜索引擎、网络广告等途径被吸引过来，所有的借款、投资操作也都是在网络上完成。

纯线上模式比较接近于原生态的 P2P 借贷，注重数据分析技术，强调借款和投资的小额、分散。在这类平台上投资比较繁琐，要求投资人有比较好的标的判断能力和风险自负意识。但是标的数量很多，几乎不用担心抢不到标。投标的参与感也很强，戏剧性十足。

目前，国内采用纯线上模式的平台已经很少了，最典型的是拍拍贷。拍拍贷是国内 P2P 借贷的鼻祖性平台，经营时间很长，争议也较多，已经获得两轮风险投资。许多 P2P 借贷平台的创始人都曾经是拍拍贷的借款人和投资人。从这个角度来看，拍拍贷可谓国内 P2P 借贷的“创业营”。图 12-1 是拍拍贷的一些典型借款标的：

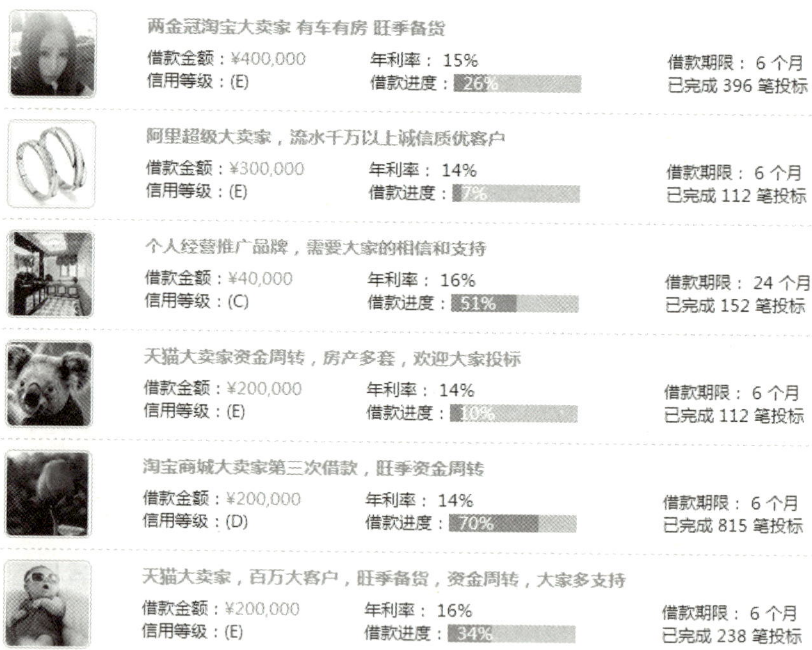

图 12-1

O2O Style

O2O 现在是个炙手可热的概念，无论是电子商务、商场营销、外卖送餐，都开始强调自己是 O2O 模式。O2O 是英文 Online to Offline 的简写，意思是通过线上营销带动线下经营和消费，把线上跟线下打通，让那些传统的线下业务（例如餐饮、娱乐、购物）也能分享互联网大爆发带来的优秀体验和便利。团购就是一项典型的 O2O 业务。

在 P2P 借贷领域，O2O 指把线下开发的借款人或债权放到网站上进行展示，吸引投资人进行投资，用线上的资金带动线下的贷款开发。在实际运营中，平台最大的特点是自己不直接寻找借款人，而是把这项业务委托给小贷公司或担保公司（统称合作机构）。

合作机构找到借款人后，平台对借款人进行审核，把符合要求的借款项目放到平台上发布，接受线上投资人的投标。合作机构还负责借款人维护、催收、担保等事项。这个模式最大的特点是平台与合作机构分工合作，前者专心改善投资体验、吸引更多的投资者；后者专心开发借款人，业务规模可以迅速扩张。

但这种模式也引起过一些质疑，主要是完整的风险控制流程被两家机构分割，可能会出现这种情况：平台一心吸引投资人而忽视了借款客户审核，合作公司一心扩大借款人数量，同样降低了审核标准，这样借款项目的质量就比较难以保证，需要合作双方进行非常密切的协调、配合。

典型的 O2O 模式平台包括有利网、向上 360 等。这类平台的发展速度很快，因为投资方便、投资体验好得到很多投资人的喜爱。投资人在这类平台上投资，需要重点关注合作机构的资质与能力。

纯线下 Style

与纯线上模式相反，纯线下模式几乎所有的环节都在线下进行，除了品牌宣传，人们在网络上很难看到这类平台的身影。而在大街上、小区里，这类平台非常活跃，如果你在路上遇到职业范十足的年轻人向你推销“创新性”理财产品，大多数都是纯线下模式平台。

中国的纯线下模式由宜信首创，并获得了巨大成功。这个模式经常会涉及一个名词：专业放款人。由于直接在线下撮合借款人和投资人比较困难，这类模式的平台会先以个人（即专业放款人）的名义、拿自己的资金把钱借给别人，形成一笔债权，然后把债权卖给投资人。专业放款人是借贷双方的中介，类似于股票、外汇市场的做市商，对于间接撮合借款、投资需求的作用很大。

线下 P2P 借贷平台经常因为工作人员多、借贷总规模大、信息不够透明而引起非议，但他们的理财产品设计很有特点，经常能够击中用户的“痛点”。强大的地面销售队伍增加了用户的亲近感，不太熟悉互联网、尤其是年纪较大的投资人很喜欢线下 P2P 借贷平台的理财产品，有见过面的客服，有一对一的服务，注重感情的交流和联系。

现在，线下平台的理财产品包装方式已经开始“征服”线上平台，我们经常看到的“优选计划”、“理财计划”、“定存宝”之类，它们的蓝本就是线下平台的定期理财产品。与此同时，很多线下平台也在朝着线上平台转型，逐渐放弃专业放款人模式，在网络上直接撮合借款人和投资人，以便增加信息透明程度，更好地融进互联网时代。

因此，从趋势上看，线上模式与线下模式正在互相借鉴，走向融合，以后纯线下模式的平台可能会越来越少。线下平台自身的两极分化也比较严重，大平台数量少，业务量很大；小平台多如牛毛，无处不在，投资人辨别起来比较困难。典型的纯线下模式平台有早期的宜信、捷越等。

担保 / 抵押 Style

早期的 P2P 借贷平台普遍没有担保 / 抵押机制，投资人只能凭自己的感觉或平台的“信誉”选择投资标的。而借款本身没有担保和抵押，投资人没有任何安全保障，因此早期的 P2P 借贷就像一场大冒险游戏，胆大的人才敢来玩，胆小的只能望风而逃，所以行业一直没有发展起来。

后来，大部分平台开始推出担保 / 抵押措施，如果借款人违约了，要么由第三方担保公司来赔偿投资人的损失，要么由平台把抵押的资产处置后补偿投资人，投资人的安全感大大增强，行业开始突飞猛进。

当然，担保 / 抵押也谈不上尽善尽美，首先是担保公司得有实力，否则担保公司一倒闭，对投资人的安全保障就成了一句空话；其次，抵押品的讲究很多，抵押的资产不一定好处置，如果无法处置，抵押就没有什么保障；第三，担保抵押需要花费一定的时间，降低了借款申请的办理速度，也会增加额外的费用，加重借款人的负担。

因此，担保 / 抵押模式相当于用资金换安全，投资人的收益会低一些，减少的收益转给了担保公司或平台，由他们确保投资人的收益安全。典型的担保 / 抵押模式平台包括陆金所（担保公司提供担保）、开鑫贷（有担保资质的小贷公司提供担保）和互利网（房地产抵押）等。图 12-2 是陆金所的一些典型借款标的：

图 12-2

最近，包括陆金所在内的一些平台开始谈论“去担保化”的话题，意思是 P2P 借贷平台加强自己的风控能力，逐渐去掉担保服务（包括由第三方担保机构提供的担保），重新让投资人自行承担全部投资风险。从目前的形势和投资人的需求来看，“去担保化”不是一天两天的事情，需要一个渐进的过程，习惯了担保 / 抵押模式的投资人暂时还不用过于担心。

P2B Style

P2B 是 P2P 的一个分支，名字也源于 P2P。P2P 的全称 Peer to Peer 指个人之间的互相借贷，P2B 的全称是 Peer to Business（也有人认为是 Person to Business），指个人向企业投资、放贷。

P2B 模式在 2013 年获得较大发展，2014 年更是激流勇进，增长的势头非常猛烈。在实际操作中，P2B 模式虽然号称是给"企业"放款，但为了规避一些法律方面的规定，采用的还是 P2P 方式，即投资人先把资金借给企业的实际控制人，实际控制人再把资金出借给企业。

P2B 模式的特点是单笔借款金额高，从几百万至数千万乃至上亿，一般都会有担保公司提供担保，再由企业提供反担保。该模式需要 P2P 借贷平台具备强大的企业尽职调查、信用评估和风险控制能力，否则即使有担保、抵押，单笔借款的违约可能就会击穿担保公司的保障能力。

典型的 P2B 模式平台有爱投资、积木盒子等。老牌平台红岭创投从 2013 年下半年开始介入 P2B 业务，2014 年 3 月份发布了一个 1 亿元的借款项目震惊业界，随后又发布过 3.5 亿元的大标。图 12-3 是爱投资的一些典型借款标的：

图　12-3

混合 Style

上述各种模式虽然划分清晰，看上去很美，实际上各种模式经常混杂在一起出现在同一个平台上。例如无论是 P2B 模式还是 O2O 模式都大量引入了担保 / 抵押服务。很多 P2P 借贷平台同时从线上、线下两种途径寻找借款人和投资人。而在一个平台上既有信用借款标的、又有抵押借款标的；既有个人小额借款、又有企业大额借款，是一件再也平常不过的事情。

因此，严格地说，大部分的 P2P 借贷平台都属于混合模式，同时具有多种模式的特点。只是因为某些平台的某种特点更突出、更著名一些，我们才把它们归到一个单一模式。行业内一些著名的平台，例如红岭创投、人人贷、合拍在线等，都属于混合模式。

A Handbook for P2P Lending

番外篇
线下平台

别人能来，
我就不能来？
嘻嘻，
别人是谁呀？

“妈，你来啦？”小零合上笔记本。

“别人能来，我就不能来？”零妈意味深长地看着小零。

“嘻嘻，别人是谁呀？”

“我哪知道，光听说什么壹贰叁肆的，是个会计吧？”

“……人家是帮我来理财的。”

“你还理啥财，专心谈恋爱，整那些没用的干啥？”

“……”

“说到理财呀，我今天倒撞见一个好机会，琼姨你还记得吧？”

“就是那个搞传销的？”

“啥传销，那叫直销，你看人家还特地让我给你捎了点植物蛋白粉呢。”零妈边说边在桌子上放了一堆瓶瓶罐罐。

“哎呀，我这么胖了，你还给我吃这个？”

“都是送的，都吃了，别浪费。琼姨给我推荐了个特别实惠的理财计划，20 年能赚 40 倍，太厉害了！”

“妈，这肯定是骗子呀！”

“怎么可能，你看，这都白纸黑字写着呢。”零妈递给小零一叠彩页。

小零接过来，双眼立刻被顶头的几行大字闪瞎：

超级网络存款，20 年翻 40 倍！

轰动全球的最尖端理财创新！

中国人民银行正式批准，国家信誉担保！

著名金融机构承保，保本保收益！

什么是线下 P2P

线下 P2P 是 P2P 借贷的一个分支，但它在国内出现的时间还早于互联网上的 P2P 借贷（又称线上 P2P），业务规模也很大。2013 年，全国最大的 5 家线下 P2P 平台的借贷总额约 600 亿~ 800 亿元，有约 20 万人通过线下 P2P 获得了贷款，像零妈这样的投资人数也在 100 万以上。但是线下 P2P 机构往往行事低调，不做大范围的公开宣传，很多人都不知道。现在，在公开场合推销 P2P 理财的机构多了，各种广告铺天盖地，线下 P2P 开始被大众所认识。

线下 P2P 最大的一个特点是喜欢把 P2P 借贷投资包装成理财产品，通过发传单、宣讲会、培训班等形式在线下进行推销和销售。另外，他的借款人也大多通过店面咨询、熟人推荐、实地拜访、当面洽谈等线下渠道获取，整个业务流程都不在网络上公开，因此被称为线下 P2P。

为了规避法律风险，加快资金周转，线下 P2P 平台的业务模式也与线上 P2P 不同，后者直接在网络上对接借款人和投资人，平台自身并不向借款人出借资金；前者一般采用“债权转让”模式。

所谓的债权转让，就是平台先对借款人进行筛选和审核，把通过审核的人推荐给一个专业放款人，专业放款人借钱给借款人取得一笔债权，然后平台帮助专业放款人把很多债权打包，作为理财产品销售给投资人。投资人获得债权后，就获得了债权收益，借款人按照合同约定向投资人支付本金和利息，形成投资人的理财收益（见图 A-1）。

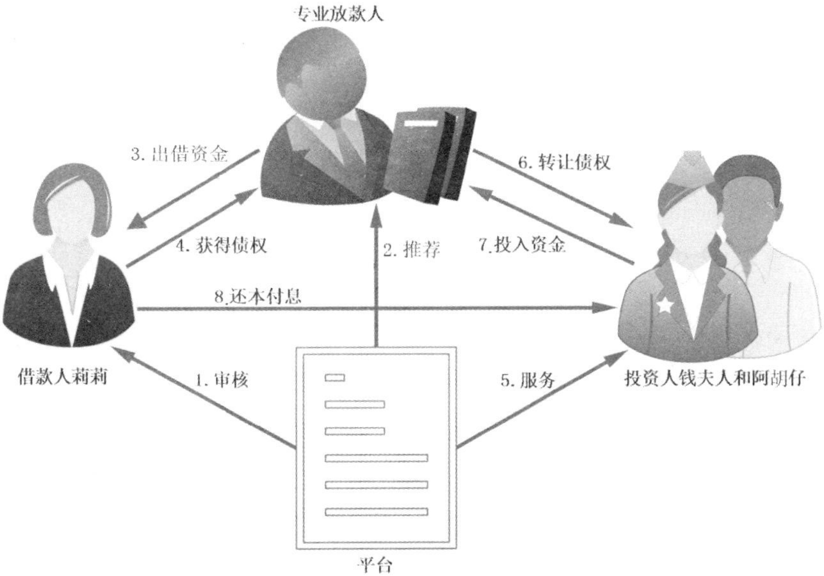

图　A-1

认识线下 P2P 理财产品

线下 P2P 的理财销售多以财富管理公司、理财公司的名义行事，经常出没于各类卖场、超市、写字楼、地铁口等人流密集的场所，进行理财产品的咨询和推广，寻找潜在的投资人。

对于大多数线上 P2P 借贷平台，投资人通过网站选择借款标的，可以完全自主决定借钱给谁。线下 P2P 投资就没那么直接，投资人没法直接选择“借钱给谁”，而是以购买理财产品的形式把钱借出去，理财公司负责把债权分配给投资人，投资人基本上不需要辨别借款人是谁，借款目的是什么，只要等待债权凑满，理财计划就开始了。

线下 P2P 理财的一个优势是产品形式与传统的理财产品很相似，便于投资人理解和挑选。产品多种多样，适合不同类型人群的理财需求。例如，固定收益类产品的收益是固定的，便于同定期存款类比；浮动收益类就可以跟各种基金对比。通过这样的包装和类比，很多产品已经很难看出 P2P 借贷的影子，不熟悉的投资人可能在购买产品之后都不知道自己做的是 P2P 投资。

除了收益类型的区别，线下 P2P 理财产品在投资期限上也有很多选择。例如某平台的资金出借方式就有单月、双月、单季、双季、9 个月、1 年等 6 种。对于资金回收，有到期自动回收，到期自动再出借两种类型；对于每期的利息，也有到期自动回收和循环出借两种方式。此外，有的产品长短结合，先有一定时间的封闭期，封闭期内限制赎回，封闭期后可继续投资，也可以灵活安排赎回时间。

总之，线下 P2P 理财产品的设计丰富多样，可以在最大程度上满足用户对收益、期限和退出时机上的要求，推销人员瞄准目标人群，能说会道，很容易俘获用户的“芳心”，这也是线下 P2P 平台虽然行事低调、活动范围有限，但往往能够“闷声发大财”的原因。

此外，一些线下 P2P 平台不仅仅销售 P2P 理财产品，还会销售信托、私募和基金类产品，实际上是个财富管理的大平台。有的时候，这些产品的包装形式相同，粗心的用户在购买之后可能还分不清楚自己到底买了什么。这样的理财固然省事，风险却容易被忽略，投资人同样不能盲目相信销售人员的宣传，应对理财产品的内容进行仔细研读，了解自己的投资对象和投资风险，这样才能逐步建立风险鉴别、风险防范意识，逐步提高自己的理财水平。

毕竟，理财不是一锤子买卖，单笔投资是赚是亏不重要，重要的是积累投资知识，找到适合自己的投资产品，一步步地积累经验。让自己能够长期跑赢那些连“风险”是什么都不知道的傻傻投资人，才是理财人最大的幸福。

线下 P2P 投资流程

与线上 P2P 投资相比，线下投资的流程要复杂得多。阿胡仔投资过一款业内著名的产品 XX 宝，该款产品的封闭期为 12 个月，每个月回收的本金和收益循环出借，年化利率 12% 左右。

阿胡仔在投资人座谈会上与理财经理达成初步的投资意向；

阿胡仔前往理财公司与理财经理面签《开户申请》和《咨询与管理服务协议》。阿胡仔在这些材料上填写身份证号和银行账号，确定理财产品为 XX 宝，投资金额 10 万元；

阿胡仔与理财公司达成协议，向第三方支付公司进行委托划扣的授权，划扣金额为 10 万元，但此时并不进行划扣，只是给予授权；

理财公司开始帮助阿胡仔搜集债权；

10 天后，理财公司通知阿胡仔，债权已经快凑够了，第三方支付公司马上要进行扣款，请一定确保《咨询与管理服务协议》的银行账号中有至少 10 万块钱；

阿胡仔立刻向自己的银行卡账号中转入了 10 万块；

第 12 天，阿胡仔收到一份《债权转让与受让协议》，《协议》的债权转让清单列出了 6 笔债权，共计 10 万元；

阿胡仔在协议上签字确认，回寄给财富管理公司；

第 13 天，理财公司收到阿胡仔的确认函，并委托第三方支付公司从阿胡仔授权过的银行卡上扣款；

第 14 天，资金到账，开始计息。

此后的每个月，阿胡仔都会收到理财公司寄来的《资金出借情况报告》和《债权转让协议》，汇报债权变动、还款金额、当月投资收益及资产总额等情况。

此后的每个季度，理财公司还向阿胡仔披露了还款风险金账户的情况，内容包括还款风险金的代偿金额和覆盖倍数等。

据一个头像挂着铜钱的神秘女性爆料，每个月的 15 号，阿胡仔都会坐卧不安，拼命刷新自己的 Email 信箱。等终于收到一封来自于某某理财公司的邮件后，阿胡仔就会仰天大笑三声，然后抓起电话，霸道地说：“喂，我要两份豪华午餐！一份薯条加大，一份可乐加大！记住，两份，豪华的！”

怎么识别靠谱的线下平台

相比于线上平台的众所周知，线下平台比较神秘，很难查到全面的信息，加上很多人都是在街上无意中首次接触到这样的平台，对平台的鉴别更加困难。这种情况下投资人决不能只听线下理财经理或销售人员的一面之词，避免草率签订投资合约，而是应该花更多的时间进行详细考察。

自主考察

平台官方网站、公司宣传材料和过往的公开报道，都可以成为投资者获取相关信息的渠道。考察的内容可以从以下几个角度出发：

（1）平台运营历史。

包括平台的成立时间和每年的交易额，不过这些数据可能鲜有平台会自己披露，投资人可通过公开报道或者前往网点直接询问，对于那些成立时间较短或短时间内交易额暴增的线下平台，投资者需要谨慎待之。

（2）平台背景。

从理财经理那拿到公司宣传材料后，投资人可以尽情在网络上搜索之，参考线上平台的鉴别办法，对理财公司和合作机构的背景逐一进行考察和验证。

（3）创始团队。

首先投资人需要确认的是有没有该类信息，那些愿意披露创始团队背景的公司更具有正规经营的诚意。如果有创始人信息，投资人可以借助网络搜索其过往背景，看其是否发生过重大的经济、法律或道德问题。

（4）平台顾问和奖项。

为了赢得投资人信任，很多平台会宣传自己的各类顾问机构和奖项。投资者需要花时间来弄清楚两个问题：首先，这些顾问和奖项是否真实存在？其次这些顾问和奖项的含金量是否够高？如果这两个问题的最终答案都是否定的，那么平台的信誉就要大打折扣了。

口碑考察

如果投资者认为上述考察流程已经足够，那未免就太过草率了。

由于网络信息的不完整，线下平台宣传材料的主观性太强，只依赖于已有的文字材料远远不够，投资者还需要有一个强有力的渠道进行补充考察——口碑考察。

口碑考察是建立在已有投资人的投资经验之上的，老客户现身说法，内容更为真实可信。在投资之前，投资人可以尽可能地在朋友圈中寻找多个在线下平台做过投资的人，了解相关情况，除了投资收益和投资体验的问题，投资人还可以就还款情况、操作流程、风险控制和如何退出等问题进行询问。

同时，投资人可以通过已有的投资人找到更多的投资人，扩大口碑考察的样本数。对于网络上可以查询到的问题，投资人可逐一列出，向已有的投资人和线下工作人员进行求证和询问。

现场咨询

线下平台除了配备多个门店和理财经理外，还会经常组织一些线下投资交流会或理财课程，课程一般由平台的理财专家和优秀的理财经理教授。

实际上，那些在超市门口或者街头巷尾出没的理财人员对产品和流程的认知往往并不专业，而上述的投资交流会和理财课程则为投资人提供了一个很好的深度了解和询问的机会。

以下是投资人可以向理财经理询问的基本问题：

你们公司已经成立多长时间了？

你们公司有多少网点和理财人员？

公司自成立以来的总营业额或最近一个季度的营业额有多少？

能不能具体介绍一下公司的股东或背景？

借助这些基本信息的答案，投资人可以对平台规模和实力作出一些基本判断。随后可以就投资流程和产品上的问题进行询问，例如：

你们对投资人的本金和利息有什么保障方式？

需要签署哪些合同？

如果我急用钱，怎么退出（转让）？

如果投资的话，怎么打款？你们的资金有托管吗？

产品 A 和 B 的区别在哪里？

一旦发生违约，平台怎么对我进行补偿？

了解完基本的流程和产品问题，投资人可以试探性地问以下几个问题，通过理财人的态度和回应的清晰程度来判断其是否存在故意隐瞒的情况，据此判断平台的合规性和透明程度：

你们公司在哪些地方会有公开的信息披露？

你们公司有没有内刊，能不能发给我看看？

有没有一些有名的媒体对你们报道过啊？

能不能介绍点借款人的情况，有人说你们是高利贷呢。

你们是不是收砍头息啊，不然业务怎么增长这么快？

你们的违约率有多高啊，为什么老有人说你们坏账很多？

你们向借款人收 30% 的服务费，他们怎么受得了这么高的利息？

这些问题如果不能得到耐心、合理的解答，平台的业务能力就会令人怀疑。

合同审查

后面的章节我们将介绍线上 P2P 借贷投资合同的审查要点，线下合同有类似之处，但是需要额外注意以下四点：

划款时间。线下 P2P 通常采用债权转让模式，必须先有债权（即专业放款人已经向借款人放款，形成了债权），才能打包成理财产品销售。因此，如果平台要求投资人先划款，再等待债权，就有理论上形成资金池的嫌疑，有较高的被挪用风险和法律风险。

《债权转让与受让协议》。在划款之前，平台应该首先发给投资人《债权转让与受让协议》，投资人认可这些债权，签字确认受让后，平台才能够划款。在理财产品生效期间，如果债权有变动，投资人也应收到债权变动清单。如果出现某笔债权到期，平台没有给投资人发新的债权转让资料，却仍在使用该笔债权返回的本金，平台也有建造资金池的嫌疑。

封闭期。有的 P2P 理财产品从名称上看着像短期的月度理财产品，每月都返还利息，似乎满一个月就可以退出，实际上不然，有可能存在较长的封闭期（例如一年），封闭期结束后才能赎回，拿到本金。投资人应该详细查看与自己选择的产品相关的合同条款，了解赎回约定。

收益处理方式。对于借款人每个月支付给投资人的收益，有的产品是平台直接返还给投资人，有的产品是直接用于循环投资。投资人也应该仔细了解，因为这两种情况的收益不同，时间久了可能差别还挺大。

第十三章 深度看平台

A Handbook for P2P Lending

哎呀，幸亏女儿聪明，不然赔钱事小，被你爸知道了，不知道要念叨我多少天呢。
其实好多线下平台也是靠谱的，跟线上平台情况差不多，有好的有坏的。

“妈，看到没，理财的水深着呢，什么轰动全球，尖端创新，都是拣你爱听的说，没准拿了你的钱立马就卷铺盖跑了。”

“哎呀，幸亏女儿聪明，不然赔钱事小，被你爸知道了，不知道要念叨我多少天呢。”

“其实好多线下平台也是靠谱的，跟线上平台情况差不多，有好的有坏的。”

“那线上的咋分辨呢？”

“看看这个。”小零打开笔记本，调出了《小白选平台》。

“不看！”零妈气呼呼地合上笔记本，“我又不是小白，你还在我肚子里的时候我就开始理财了，要不然哪有咱家的万贯家产，你咋能这么养尊处优？”

“……”

“别撇嘴了，教妈点干货，快！”

“这个，唔，我也没学好呢？”小零很羞愧。

“啊，那个什么壹贰叁肆没教你？”零妈不怀好意地说：“要想学得会，得跟师父……看来，唉……”

“妈，你胡说什么呀！”小零感觉自己整个人都不好了。

“嘿嘿，那你问问壹贰叁肆去？”

“我才不问呢，我自己动手，万事不求人！”

“好好好，真是争气的女儿呀，可惜……”

“妈……”小零把自己扭成一团。

“噢，这就不愿意听啦，好吧，那你慢慢研究，妈给你做饭去啦。”

风控调研

风控是风险控制的简称，在投资人借出款项之后到收回全部本金、收益之前，存在着各种各样的风险，例如借款人欺诈，拿到钱后就跑，或者有钱不还、没钱可还；甚至有些平台因为管理不善、内控不严，个别工作人员挪用投资人的款项，乃至盗窃资金，都会导致投资人出现损失。

因此借贷行业的风险无处不在，P2P 借贷平台的核心竞争力就在于风险控制，贯穿于用户发现、用户筛选、信用评估、贷款审核、利率确定、资金划拨、内部管控、贷后催收、不良资产处置等完整的过程。

许多平台都会宣称自己具有高超“风控能力”，风控模型无比强大，甚至比银行还银行，但实际情况基本上是口说无凭，难以核实。绝大部分 P2P 借贷平台的历史只有两三年，积累非常有限，很多依靠风控人员的个人经验来操作，其真实风控水平有多高，投资者是很难知晓实情的。

要真正了解平台的风控水平，最重要的指标就是逾期率，即借款人未偿还的本息金额占当前贷款余额的比率。平台的风控水平越差，逾期率就会越高。但很少有平台会公布自己的逾期率，只能依靠数据统计机构对逾期标的的统计来测算平台的逾期率，例如《中国 P2P 借贷服务行业白皮书 2014》测算了若干家典型平台的逾期率，如图 13-1 所示：

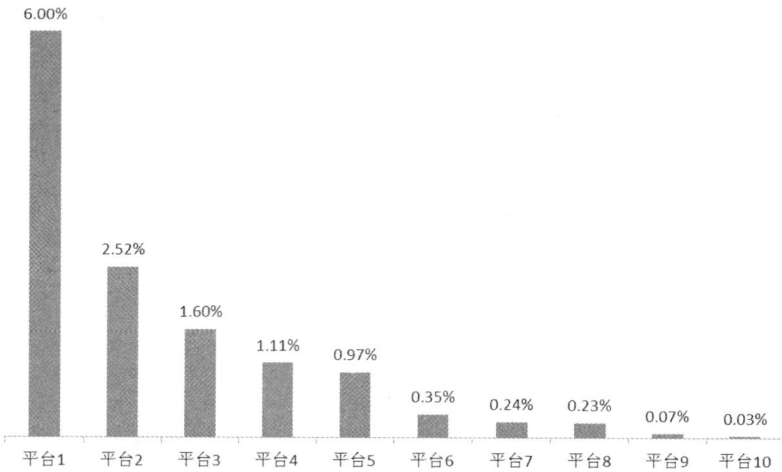

图 13–1

从图 13–1 可以看出，不同 P2P 平台的逾期率存在较大区别。但即使对于逾期率较低的平台，投资人也不能掉以轻心，因为不同平台对逾期时间的定义不同，有的规定超过 1 天未还款就要逾期；有的规定超过 90 天未还才算逾期；有的规定当月不还的不算逾期，只有到借款期限满的时候还未还才算逾期。还有的平台成立时间很短，大部分的借款没有到期，甚至会出现零逾期的情况，这些平台需要长期考察。

因此尽管有很多平台宣称它们的逾期率低于银行（银行的逾期率普遍为 1% ~ 2%）但是银行对逾期率的定义很严格，二者并不具有直接可比性。更多关于平台逾期率的测算可以在零壹数据网站（http://data.01caijing.com）上查询。

如果平台不公布自己的逾期率，在第三方数据统计机构上也查不到相关数据，投资人可以到平台论坛或第三方论坛上寻找蛛丝马迹。如果借款人出现逾期，而平台又没有及时垫付（或没有本息 / 本金保障计划），投资人经常会到论坛上抱怨。如果抱怨的人很多，说明借款人的逾期情况也比较多。

但无论是平台论坛还是第三方论坛，都可能存在删帖现象，投资人应经常浏览这些论坛，及时了解第一手的逾期信息。

间接考察逾期率的另外一个手段是观察平台的风险保障金余额。提供本息 / 本金保障计划的平台，有些会定期公布保障金余额，如果发现余额增长得很快，远远超过借款总量的增长速度，说明平台的逾期率在下降。

如果从任何途径都难以考察平台的逾期情况，这样的平台需要慎重对待，它们的风控宣传尤其不可信。

标的审查

P2P 借贷平台是发布借款标的的网站，投资人投资的是一个个标的，逾期也是这些标的的逾期，这是风险识别和风险判断的最重要依据，因此对标的的审查至关重要。目前有很多平台乐于宣传自身的风控、安全、保障，却不完整、充分地描述投资标的，这样做虽然省了投资人的心，却不利于投资人提高风险鉴别能力和风险自负意识。

对投资标的的审查应重点关注以下三点：借款目的（用途）、还款来源和信用描述。个人借款的目的比较多样化，大到家庭装修、大件购物、出国留学、生意经营，小到婚丧嫁娶、小额消费、信用卡还款等，借款目的描述得越详细，可供投资人判断的信息就越多，鉴别也就越容易。在部分平台上会有些以“积累信用、短期资金周转”为名义的借款，这里面很可能涉及净值标或“资金黄牛”（详见第五章的解释），投资者应保持警惕。

企业借款的用途相应较少，一般是短期中转或者投资设备、扩大生产、预付货款等。但如果企业频繁发布借款，而且一个项目到期后立即发布另一个项目，而且借款数额越来越大，借旧还新的可能性很大，投资人应联系平台或借款人了解详细情况。

还款来源指借款人打算以什么收入来还本付息，个人还款来源一般有工资、个体经营收入等渠道；企业还款来源一般为销售收入、应收账款。无论采用何种还款来源，平台都应该提供其历史收入情况，并有相关材料佐证（例如银行流水单、纳税记录等），或有相应的抵押 / 质押物。如果平台对这些信息披露不全面，投资人也应谨慎对待。

信用描述指借款人的历史收入、借款、还款情况。企业的信用描述更加复杂，一般包括所在行业的情况、企业基本财务状况、历史经营情况等，投资者最好对企业所在行业和企业经营模式有一定的了解，不要轻易投向不熟悉的领域。如果能够确认借款企业的经营年限较长，在所处行业有一定优势，而借款额占营业额的比例又比较低，那么安全性会强一些。目前很多平台都会给项目评级，以此标识项目的风险程度，但如果平台不充分披露数据，不按照评级公布逾期率，评级的公信力无法评价，因此只能作为参考，投资者不可盲目相信评级。

此外，借款人的身份信息核实也很重要。一般平台都会标注借款人的邮件、手机、户口本、公积金或视频认证信息等，如果平台连借款人的基本身份信息都不披露，投资者就要警惕了。

在审查标的时，应格外注意两种情况：一种是自融，一种是期限错配。前者指平台负责人、运营者或关联人假借他人的名义在平台发布虚假标的，把借来的款项再转借给他人或者投资于高风险的项目。策划严密的自融难于发现踪影，但有些自融可能因为疏忽露出马脚，例如使用同一个 ID 或身份证频繁借款，借款金额往往很大。甚至有时候身份证直接指向了平台的关联人（例如平台控制人的亲戚），或者借款描述跟借款目的明显不符。

同样，周密策划的期限错配也很难识别，但也经常会留下蛛丝马迹，例如前面所说的同一借款人在一个项目到期后立即发布另一个项目，而且借款数额越来越大，这就有期限错配的嫌疑。而如果其中的某个项目没满标，平台把该项目又改头换面放上来，并对此项目提供大幅度的投资奖励或显著提高借款利率，那就很有可能存在期限错配，平台为了防止资金流断裂，不得不积极鼓励投资人尽快投标，以便弥补资金缺口。

另外有些平台会公布借款人在该平台上的历史借款记录，来反映借款人良好的“信用”。如果造假不彻底，其历史借款记录就是一个挖掘自融和期限错配行为的宝库，投资人可仔细审查。

资金托管

投资人在投资前一般需要向平台充值，在投标前、投标中，到平台真正把资金划拨入借款人账户或投资人把钱提现到银行卡前，投资人的资金都在平台上，平台是否把用户的资金与自有资金区分开，是否把用户的资金存放到一个自己不能随意控制的地方，就构成了资金托管的讨论内容。

P2P 借贷平台的用户资金存放可能包括以下几种情况：

（1）用户的资金直接打入 P2P 借贷平台的银行账号。

在 P2P 借贷平台兴起的早期，多数平台以平台所属公司或者平台控制人的名义，在银行直接开户，投资者资金直接进入其账户，再通过平台的中间账户转给借款人。这种情况极其危险，因为平台完全掌握着资金的控制权，随时可以挪用资金或者卷款走人。而缺乏足够的证据，投资人即使找到银行，也很难证明自己对相关资金的所有权。

所幸现在这样的平台已经基本上没有了。但投资人一旦发现这样的平台，一定要远远避开。

（2）用户的资金直接打入 P2P 借贷平台的第三方支付账号。

目前这种方式是普遍情况。P2P 借贷平台在第三方支付平台上开设公司账号，并在账号中开设一个子账号用于存放用户的资金。这种方式理论上可以隔离用户资金和平台自有资金，但是在执行上全凭平台的自觉。平台仍然可以随意挪用、提现用户的资金。

出现这种情况实属无奈，因为情况仍然比较危险。但是这种方式稍强于第一种方式，因为第三方支付为避免自己受连累，一般会对 P2P 借贷平台进行审核甚至限制。越是名气大的第三方支付平台，对此会越谨慎。

请投资者注意，有些平台所宣称的“资金托管在第三方支付平台”指的也是这种情况，并没有真正托管。投资人可以先了解 P2P 借贷平台所使用的第三方支付渠道，然后去这个第三方支付的网站查询它是不是提供了 P2P 借贷的资金托管功能。即使提供了相应的功能，投资人也需要向第三方支付平台核实该 P2P 借贷平台到底是否使用了该功能。

（3）用户的资金直接打入 P2P 借贷平台的第三方支付二级账号。

有些第三方支付平台提供了适合于 P2P 借贷的账号体系，P2P 借贷平台使用这种账号体系，会自动给每个充值用户建立一个子账号（二级账号）。用户的资金直接存放在自己的二级账号中，平台无权对用户二级账号中的资金进行处置，只能依靠投标信息、借款合同对账号的资金进行锁定或划拨。

这种资金托管方式的安全性大大增强，P2P 借贷平台挪用资金、构建资金池、盗取用户资金的可能性大大降低，成本也大大提高。但是目前能提供这种托管方式的第三方支付平台不多，而且使用复杂，技术成本高，P2P 借贷平台使用这种方式的积极性并不高。加上法律上没有明确的规定，所谓托管更多的是 P2P 借贷平台与第三方支付平台之间的商业合作，至于是否严格按照二级账号体系行事，只能依赖于双方的自律。

（4）银行托管。

银行托管是最安全、最值得期待的一种资金托管方式。用户的资金存放在银行托管账号中，平台彻底失去了对用户资金的控制权，只能依靠投标信息、借款合同对账号的资金进行锁定或划拨，并严格得到银行公信力的保障。

但是除了极个别的平台，绝大多数的平台都没有采用该种托管方式。一方面是因为银行对 P2P 借贷领域的关注较少，还没有大举进军这个领域；另外一个原因是 P2P 借贷资金银行托管还存在一些法律上和技术上的制约，需要一定的时间克服。平安银行是首家高调宣布支持 P2P 借贷资金“监管”的银行，并与多家 P2P 借贷平台达成了合作意向。但是截至本书完稿，还没有平台实质性接入平安银行的系统。

因此，如果有平台大肆宣传用户的资金是托管在银行，投资人一定要查看该银行是否对 P2P 借贷平台提供资金托管服务，同样也需要直接询问相关银行人员，确定平台的宣传是否属实。

另外值得注意的是，即使平台真的实现了银行托管，也不能防止平台的假融、自融行为。它只能最大限度地防止平台挪用用户的资金，不能杜绝平台利用虚构借款人的办法骗取用户的资金。

金额拆分

随着 P2P 借贷市场的迅猛发展，一些金额较大的借款项目开始在 P2P 借贷平台出现，大项目经常会被拆分为若干个稍小的项目，这些小项目除了名称和金额，其余描述全部一样，并不涉及期限错配。

那么，平台为什么要对大项目的金额做拆分？主要是为了方便销售。金额过大的项目，投资人会觉得很难凑齐这么多资金，流标的可能性较大，投标会相对谨慎。而拆分成小项目之后，这些项目看似独立，投资人会觉得金额不是那么巨大，风险似乎也被分散了，单个项目的满标就比较容易。如果这些小项目都逐一满标了，整个大项目也就满标了。

但实际上，金额拆分的操作并不会起到分散风险的作用，甚至可能因为造成投资人的麻痹大意而加大风险。金额拆分形成的各个项目貌似独立，但它们都来自同一借款人，风险并不能在项目之间有效隔离。最简单地说：如果一个大项目不能足额还款付息，那么分拆成多个小项目后，也不可能全部足额还款付息。投资人受损失的比例完全相同。

有些投资人可能会认为先满标的项目会优先得到赔偿，但是根据破产法的规定，企业破产时所有的普通债权属于同一清偿顺序，“破产财产不足以清偿同一顺序的清偿要求的，按照比例分配。”根据时间顺序优先获得清偿的主张并不会得到法律的支持。

而如果大项目没有拆分，投资人可能出于风险的考虑不投资于该项目，项目流标，反而过滤了风险。

总体而言，“金额拆标”侧重于营销考虑，是 P2P 借贷平台对于大额借款的一种“技术性”处理方式，但这种方式并不会降低项目的风险，投资人在选择标的时应注意。

A Handbook for P2P Lending

第十四章 合同审平台

不愧是理财女王的女儿，有妈当年的神韵。
我哪能跟您比呀，嘻嘻。

“嗯，不错！”吃完饭，零妈一边看小零整理的材料，一边夸奖：“不愧是理财女王的女儿，有妈当年的神韵。”

“我哪能跟您比呀，嘻嘻。”

“我觉得说了这么多，其实最主要的还是看平台放贷款严不严，项目有没有猫腻，会不会卷钱逃跑。”

“妈真厉害！”

“但是，如果平台成心造假，这些东西可能根本看不出来破绽。”

“造假要是到这个份上，那也太恐怖了吧。”

“恐怖？你是没见识过……想当年妈被骗得……哦，这个，过去的事，还是说网贷吧。”零妈略微有点不自然。

“那咋办？”

“咋办？看合同呗，有合同在，跑得了和尚跑不了庙！”

“这一招高！”

“怎么样，妈理财女王的名头不是盖的吧？”零妈得意地看着小零。

“那当然了！要不然我会这么聪明吗？嘻嘻，妈，您看看这个。”

零妈打开文档，斗大的标题跃入眼帘——合同审平台，“小丫头，敢给妈打这个埋伏，你出息了呀。”

“还不是壹贰叁肆教的？”

“……给妈拿药来！”

“嘻嘻，妈当年被骗的时候签合同了吗？”小零贼兮兮地问。

“死丫头！”零妈恶狠狠地瞥了小零一眼。

合同参与方

一份完整的 P2P 借贷至少包含三个参与方：投资人（或称出借人、债权人），借款人（或称债务人），平台服务方（或称居间人、见证人）。如果该合同涉及第三方担保，参与方还应包括担保机构。

投资人应详细核实：①投资人是否为自己的真实姓名或网名；②借款人是否有姓名、网名、身份证等真实信息，是否与网站投资标的上的借款人身份信息一致；③平台服务方是否与平台经营公司的名称一致，地址是否与平台公开公布的地址一致；④担保机构（如果有的话）是否与平台宣称的合作担保机构一致，该机构是否仍然存在，是否有担保资质。

如果上述任何一项存在疑问，投资人一定要直接与平台联系，进行各方面的问询和核实，避免出现虚假借款人、皮包平台或虚假担保公司。尤其是担保公司是否列于合同参与方之中（有合同会被拆分成两份，一份是借款合同，称为主合同；另一份是担保合同，称为从合同，作为主合同的附件提供。这种情况下，担保公司的名称应在担保合同中列明），是检验平台是否诚信的一个重要标准，有的平台承诺由第三方机构提供担保却不在合同中明确列出，它的承诺很可能就是欺骗性的，投资人受到损失能否赔偿只能看平台的“良心”了。

对于 O2O 模式或者债权转让模式的平台，合同的参与方更加复杂，有时候会出现四个乃至五个参与方，例如提供原始债权的小贷公司、为小贷公司提供对接服务的中介公司、借款代理人，等等。同样，对于这些参与方也要逐一核实它们的身份，并清楚了解这些参与方在合同中的责、权、利。

小知识："网名"合同

1. P2P 借贷合同有时候会出现借款人姓名为"网名"而非真实姓名的情况，遇到这种情况，投资人总是会问一句：网名合同有效吗？
2. 我国的合同法信奉合同自由原则，在不违反社会公德和社会公共利益以及强制规范的前提下，允许当事人订立任何内容的合同，只要合同内容为双方意思的真实表达即可。合同法并没有对当事人的名称做详细规定。
3. "最高人民法院关于适用《中华人民共和国合同法》若干问题的解释（二）"规定"当事人对合同是否成立存在争议，人民法院能够确定当事人名称或者姓名、标的和数量的，一般应当认定合同成立。但法律另有规定或者当事人另有约定的除外。"所以网名合同成立的关键在于出现纠纷时，人民法院是否能够确定当事人名称或者姓名。
4. 在 P2P 借贷平台的运作中，确定网名与当事人真实身份之间的联系并不困难。首先，P2P 借贷平台普遍采用实名注册制，网名与实名之间存在严格的对应关系；其次，用户首次与第三方支付建立业务关联时，必须通过第三方支付机构和银行的双重身份鉴别。

5.

因此，P2P 借贷平台完全有能力根据网名确定“当事人名称或者姓名”，网名合同的有效性无需过多担心。但是投资人在签订合同的时候最好让平台注明借款人的真实姓名和身份证号。万一有一天平台出现故障，甚至跑路，投资人至少能够知道自己的真实债务人是谁，也便于此后的法律处理。

借款事项

一般的借款合同至少要清楚约定以下内容：

（1）借款用途；

（2）借款金额；

（3）借款期限（重点在于起息日和到期日）；

（4）借款利率；

（5）还款方式。

对于这 5 条内容，应该与借款标的说明一一对照，防止模糊、错误、不一致等情况发生。否则，无论借款标的怎么描述，合同内容与借款标的不一致导致纠纷的话，只能以借款合同为主。

有时候，平台会利用投资人的麻痹大意或追求高利率的心理，故意在借款期限、借款利率或还款方式方面做手脚，例如把起息日尽量向后拖延，混淆实际利率和年化利率，要求连续投资才能获得借款标的描述的利率，把按月付息改成按季付息等，这些伎俩虽然低级，但投资人也不可不防。如果出现这些问题，说明平台的能力或信用很差，投资人应该远离这些平台。

如果是债权转让合同，合同还应附有债权转让列表，包括原始债务人信息、债权转让价值、转让日期、上一个转让人等。如果合同不列明这些信息，只是笼统地说转让了多少债权，平台有构建资金池的嫌疑，投资人应格外谨慎。

保障条款

投资人最为担心的莫过于投资金及利息能否安全收回，尤其是在借款人违约的情况下，投资人能够得到相应的保障或赔偿，是所有平台大力宣传的“卖点”，也是吸引投资人的不二法门。但关键并不在于这些“卖点”多么诱人，而在于是否落实在合同中。

对于第三方机构担保的借款来说，担保机构的保证条文是合同审查重点。

保证方式。有的平台为了最大限度赢得投资人的信任，在合同里使用全额、无限、无条件、不可撤销等术语，其实这些噱头根本没有必要。根据我国的担保法，保证方式只分为一般保证和连带责任保证，前者的效力不如后者，因此投资人一定要审核担保机构提供的是“一般保证”还是“连带责任保证”。如果只是“一般保证”，投资人就有必要对平台和担保机构的诚意保持警惕，而且应强制要求担保机构提供“连带责任保证”并在合同中清楚写明。

保证范围。有的担保只承诺赔付本金而不是本息，投资人一定要仔细确定，否则满心以为利息也有保障，事到临头才发现赔偿的只有本金，这个时候根本没地说理。

保证期限。保证期限应该长于借款期限，即借款到期的时候，保证不能到期，一般会比借款到期日延后 1 ~ 2 年。否则借款还没到期，保证就到期了，借款到期时借款人违约就没人赔偿，这跟没有保证一样。

赔付日期。借款人违约后，什么时候开始赔偿对于投资人也很重要，赔得越晚，借款人的资金占用时间就越长，潜在损失也就越多，因此赔付时间越早越代表平台和担保机构越有诚意。

对于无第三方担保，拥有风险保障金机制的平台来说，违约赔偿的规定各不相同，更需要投资人擦亮慧眼，仔细审查。

首先，投资人同样需要关注保障范围，是本金保障还是本息保障，是对单笔投资的无条件保障，还是附有条件的保障（例如必须是平台 VIP 用户或者单笔投资额不大于某个数额才有保障），还是对所有投资标的进行有限保障（例如：投资人的全部本金亏损后才进行赔偿，而不是单笔投资出现亏损就赔偿）。

其次，同样需要关注赔偿日期，赔偿速度越快越好。

第三，最关键的是，风险保障金机制一般是以保障金账户里的资金额度为限。对于超出部分怎么处理，需要平台明确约定。这一问题在第八章已有详细说明，这里不再重复，重点是合同清楚说明，投资人确保自己与平台对于相关条款的理解一致、无误。而如果相关的合同条文模糊不清，平台对于这个问题闪烁其词，甚至回避投资人有关细节的询问，投资人应谨慎从事。毕竟靠谱的平台还是很多的，安全比高收益更重要。

第四，查看、询问平台当前的风险保障金额度和历史赔付记录，确保万一出现违约时，平台有足够的风险保障金进行赔偿。

小知识：一般担保与连带责任担保

1. 根据担保法，当事人在保证合同中约定，债务人不能履行债务时，由保证人承担保证责任的，为一般保证；当事人在保证合同中约定保证人与债务人对债务承担连带责任的，为连带责任保证。
2. 二者的区别在于“连带责任保证的债务人在主合同规定的债务履行期届满没有履行债务的，债权人可以要求债务人履行债务，也可以要求保证人在其保证范围内承担保证责任”；而“一般保证的保证人在主合同纠纷未经审判或者仲裁，并就债务人财产依法强制执行仍不能履行债务前，对债权人可以拒绝承担保证责任”。
3. 这就是说一般保证的保证人享有“先诉抗辩权”，即使借款人已经违约，但在审判、仲裁或强制执行之前，一般保证的保证人可以不承担赔付责任。连带责任保证的保证人则不享有这个权利，只要借款人出现违约，投资人就可以要求保证人进行赔偿。因此，我们说连带责任保证的担保力度较强，对投资人有利，投资人应该要求担保机构提供连带责任保证。

退出机制

对于手工投标的单个标的，一般是不允许投资人中途退出的。有的平台开辟了债权转让板块，允许投资人持有债权一段时间后（例如 2 个月或 3 个月）转让给平台上的其他投资人。投资人在签订投资合同时，应关注是否允许债权转让，以及相关的程序和费用。

对于“定期理财型”P2P 借贷投资产品，投资人应当注意合同中是否约定了“封闭期”，何时允许退出。如果在“封闭期”内投资人需要退出，应等待多长时间，支付多少费用。在“封闭期”后需要退出，又需要等待多长时间，如果等待时间过长，平台是否做出赔偿，等等。

尤其值得注意的是，一些平台推出的定期理财产品看起来像是月度、季度、半年的短期理财，但很可能只是利息发放周期或循环投资周期而不是封闭周期，其封闭期仍然可能长达一年之久。在此过程中需要退出的话，会牵涉到繁琐的手续，甚至会付出不小的代价。因此投资人需要仔细查看产品的相关规定条款，明确退出时机，以便合理安排资金，避免光看名字就想当然地理解产品的内容，引起不必要的纠纷或损失。

其他内容

费用

如果平台或者第三方机构因为合同涉及的事项向投资人收费，应明确列明收费项目和收费金额，投资人也应做到心中有数，自行盘算其收费是否合理，如有不合理之处，应与平台沟通，如沟通无法达成一致，可以拒绝签署合同。

提前还款

有的平台允许借款人提前还款而不用支付罚息；有的要求部分罚息（例如多交 1 ~ 2 个月的利息）；有的要求全额罚息，按照合同期限全额支付利息。这些规定会影响到投资人的收益，投资人需要事先明确。

起诉

合同应规定发生争议时的处理事项，应允许投资人在无法协商解决的情况下向法院提起诉讼。根据《中华人民共和国民事诉讼法》的规定："合同的双方当事人可以在书面合同中协议选择被告住所地、合同履行地、合同签订地、原告住所地、标的物所在地人民法院管辖，但不得违反本法对级别管辖和专属管辖的规定。"投资人最好要求自己的住所地法院或平台所在地法院进行管辖，因为平台合作机构或借款人的所在地可能分布在全国各地，远不如在自己的住所地法院打官司方便，也不如在平台所在地法院打官司影响大。

总结

合同审核极其繁琐，会给投资人带来很大的负担。但是，不仅仅是 P2P 借贷合同，任何合同条文都需要签署者认真审阅，毕竟这是各参与方意愿的真实、自由表示，具有极高的法律效力。一招不慎，误解了合同条文或者落入不良平台的陷阱，吃亏的只能是投资人。因此，合同审查是所有投资者的基本能力，P2P 借贷投资人要避免贪图省事、马虎大意。

当然，一份完美的合同并不意味着投资人的资金安全就有了完美保障，更不意味着诈骗平台无法欺骗投资人。但合同的细节确实能够反映出很多问题，合同条文越清晰、完善，对平台能力的要求就越高。相应的，投资人越细心，提出的质疑越多，平台就越容易露出马脚，诈骗成本就越高，等于提高了平台的欺骗门槛，足以让低水平骗子望而却步。

据传，在“行骗界”曾有“智商检验”一说，就是骗子们会在宣传用语或者合同中故意“埋伏”一些破绽，如果这些破绽被某个潜在对象识破，说明这个对象的“智商太高”，不是他们的菜，他们马上就会转移阵地，避开这个对象。

因此，高明的 P2P 借贷投资人如果发现了行骗平台的破绽，不但要当机立断，立即离开这个平台，更应该向警方举报该平台，防止它欺骗别人。只有诈骗性平台在群众的火眼金睛中无处藏身，它们的危害才能越来越小，行业的氛围才能越来越健康，而 P2P 借贷投资的事业也才能越红红火火。

A Handbook for P2P Lending

第十五章
数据挖平台

出去玩得咋样?
光惦记你了，哪有心情玩啊。

“出去玩得咋样？”小零问小壹。

“光惦记你了，哪有心情玩啊？”

“恶心！是惦记你的钱吧。”

“惦记也白惦记，以后还不都是你的？”

“啧啧，说得你有钱包养我似的，做梦去吧，给！”小零丢给小壹一叠文件。

“啥呀？”

“我辛辛苦苦的劳动成果，教育教育你。”

小壹翻了翻“线下平台”、“深度看平台”、“合同审平台”，缓缓地说道：“看这文档的字体是极好的，想必是小主新换了输入法，单就这衬线倒也罢了，奇就奇在标点符号们，我空长这许多年，从不曾想小主的空格如此清新可人，如果打印出来，篇幅想必是极长的。难为小主茶饭不思，我愿多看几回，虽会胃口大倒，倒也不负恩泽了……”

“说人话！”

“肤浅！”

“详细就不肤浅了？阿胡仔详细打量了你的脸，然后开始评论你的身材，这不肤浅吗？”

“你这是耍流氓！”小零义正词严地说。

“耍流氓的是你！”

“你！我！我哪里耍流氓了？证据！证据拿来！小心我告你诽谤哦！”小零表示依旧不服。

“在互联网时代，一切脱离了数据的判断都是耍流氓！”小壹习惯性地甩了甩头发。

安全边际

安全边际（margin of safety）一词最先出现在债券市场，是指公司过去几年连续保持税前利润超过应付利息费用的 5 倍以上，多出应付利息费用的盈利部分就形成了安全边际。因为安全边际的存在，即使公司未来盈利下降也可以保证投资人的资金安全。后来这个概念被应用到股票市场，并贯穿于大多数股票投资策略中，那 P2P 借贷是否也有安全边际呢？

我们认为，P2P 借贷公司作为普通企业是一负债个体，而当作为担保方（这对于平台来说是普遍现象，无论是自我担保，还是本金 / 本息保障计划，实质上都起到担保的作用）参与借贷过程的时候，普通企业个体负债属性会远远低于担保个体的负债属性。所以在考虑安全边际的时候，可以省略其日常运营的一些花费，重点放在担保能力上。

平台的安全边际 =(自有资金 + 当期盈利能力)/ 当期坏账金额

这是一个经验估算公式，其中当期坏账金额是可查询的数据，但大部分平台隐藏了这数据，只能通过估算获得，一般 P2P 借贷行业的历史累计坏账率在 5% ~ 10% 之间，当年坏账率在 2% ~ 5% 之间。自有资金可以注册资金或者平台公布对外的风险备付金进行估算，盈利一般按照贷款业务量的 2% ~ 3% 进行估算。

以 A 平台为例，2013 年成交额 10 亿，估算坏账为 3000 万，这家平台的注册资金是 2000 万，当年盈利水平估算为 2000 万~ 3000 万，按照上面的公式，它的安全边际约等于 1.5，处于还算是安全的水平。

安全边际代表着 P2P 借贷平台在发生坏账和突发挤兑事件时具有的资金垫付能力，理论上是越高越好，越低越危险，当平台的安全边际小于 1 时，说明它的现金已经很可能不够足额赔偿投资人的损失了，投资人应该警惕了。

价格水平

在任何投资市场，价格都是一个非常关键的技术指标。P2P 借贷市场的利率就是资金价格最直观的反映，也是市场资金短缺程度的晴雨表。

低利率不一定低风险

P2P 借贷平台上有关利率和风险的争论由来已久，如果利率是借款人、平台、投资人三方透明的博弈结果，“低利率意味着低风险”应该没有太多的争议。而在实际操作中，投资者看到的利率只是平台向投资人支付的资金价格，借款人向平台支付的资金价格则远高于此。

除了收取利息转交给投资人外，P2P 借贷平台或者是“信息咨询”公司会以借款管理费、咨询费、担保费等各种名目向借款人收取大量的费用。这些费用经常多于利息，而且仅由平台定价，因此 P2P 借贷平台实际上掌握着贷款的最终定价权。投资人看到的名义利率与借款人承受的真实利率存在着很大的差别，甚至可能没有直接联系。

例如甲平台标示的借款利率为 10%，意味着借款人将向投资人支付 10% 的利息，但借款人向平台支付的各种费用为 25%，他实际承受的利率为 35%。而乙平台标示的借款利率为 12%，向借款人收取的各种费用为 20%，借款人实际承受的利率为 32%。投资人只能看到 10% 小于 12%，却看不到背后的 35% 大于 32%。因此，比较不同的 P2P 借贷平台，表面的低利率（投资人看到的低利率）并不一定意味着低风险。

高利率一定是高风险

虽然 P2P 借贷行业的低利率不一定意味着低风险，但是反过来，高利率则一定代表着高风险。

一般民间借贷的价格大概是月息 3 分左右（年化收益率 36%）。P2P 借贷平台向借款人收取的咨询、管理费用折合成利率一般在 1 ~ 2 分，如果它给投资人的利率还高达 3 分，二者相加，借款人的成本基本在 4 ~ 5 分（相当于年化利率 45% ~ 60%）之间。如此高的资金成本就会产生两个问题：第一，借款人怎么能负担得起这么高的资金成本？第二，这个平台怎么能一直找到这么多负担得起超高利息的借款人？

借贷生意“救急不救难”，任何一个行业都有其大致的收益范围，如果这个行业存在暴利空间，大批的资金就会蜂拥而至，其收益率会在很短的时间内被拉低。因此，在某个特定阶段、一定的成交量范围内，超高利率可能会存在，但超高成本资金长期用于任何一个行业都是极不现实和缺乏持续发展空间的。如果一个平台持续、大量地提供超高利率借款标的，其风险不言而喻。

因此，要对不同平台之间的收益率和风险关系进行分析，前提是借款人实际负担的借款成本比较接近。此时的收益率反映的是平台在资金端的议价能力，投资人愿意接受的利率越低，平台的市场优势越明显，说明平台的盈利能力越强，它的安全边际也就越高。

投资人在选择平台和标的，评估二者的风险时，一定要弄清楚借款人实际承受的利率是多少。有的平台信息比较透明，这一利率可以大致计算出来；有的平台信息披露不充分，投资人就需要询问客服或者资深投资人员获得相关的数据，这样才能进行更加准确的风险评估。

借款集中度

借款标的的小额分散被普遍认为是 P2P 借贷平台的主要特征和有效风控手段。借款额的集中就等同于风险的集中，“不要把鸡蛋放在一个篮子里”不但对投资人控制投资风险有效，对于平台控制整体风险同样有效。

设想一个平台的少数几个借款人的借款额占到整体借款量的 50% 以上，只要其中一个人发生违约，平台整体的违约率将立刻上升至畸高的水平。如果平台再以某种形式提供赔付承诺，它被一个借款人拖垮并非天方夜谭。

《中国 P2P 借贷服务行业白皮书 2013》统计了 15 家 P2P 借贷平台借款量最大的前十名借款人的借款额之和，分别占平台当年（2012 年）

总借款额的比例，如图 15-1 所示。

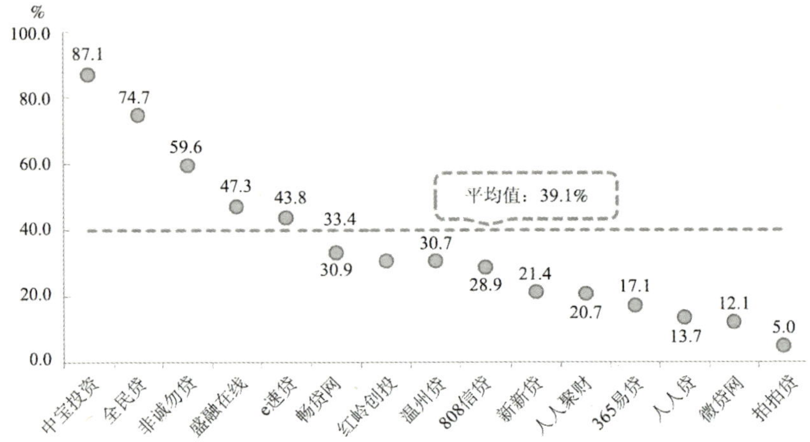

图 15-1

15 家平台 150 名借款额最高的借款人，所借金额之和占到了 15 家全年交易量的 40%，说明 2012 年的借款集中度偏高。其中“中宝投资”前 10 名借款人的借款总额高达 10 亿元，占比高达 90%。

借款集中度代表着一家 P2P 借贷平台自身系统风险的大小，在借款量集中的情况下，当大客户出现逾期或坏账时，平台的垫付压力极大，有可能影响到自身的正常运营。即使平台不对借款进行垫付，平台对借款项目的筛选能力也是一种隐性担保，如果平台因个人借款人遭遇大额兑付危机，造成投资者大批亏损，对平台的打击也是致命的。

另外，借款过于集中也意味着平台可能存在着自融等不规范经营的情况，其中的某个甚至某几个大额借款人可能就是平台的“马甲”。投资者在进行平台选择时应当慎重观察，如果一个平台总是几个人在反复借款，就要提高警惕，防止落入集资诈骗或者平台自融的陷阱。

资金流动性

要大致衡量 P2P 借贷平台的平稳运营程度和偿付压力，我们可以借用资金流的概念。这个概念原来指在营销渠道的各成员之间随着商品实物及其所有权的转移而发生的资金往来流程。在 P2P 借贷中，我们把资金流定义为随着债权产生、转移和消除而发生的资金往来流程。

P2P 借贷平台的主要业务由借和贷组成，涉及资金的正负两个方向的流动，一个是贷方发生额（融资增加数），一个是借方发生额（偿还贷款数）。这也就有了两个关键的指标，贷款余额和应还金额：该日贷款余额 = 前期贷款余额 + 本期贷方发生额（融资增加数）– 借方发生额（偿还贷款数）；应还金额就是借方发生额（偿还贷款数）。贷款余额可以简单理解为平台上的投资人目前总共投了多少钱。应还金额可以简单理解为某个平台上的借款人当天（当期）要还给投资人多少钱。

图 15–2 是一个典型的资金流图，其中日贷款余额（实线）值对应左侧的 Y 轴，日还款金额（虚线）值对应右边的 Y 轴。该图的时间周期为一年（365 天），因此两条线各有 365 个值。贷款余额曲线的平滑程度会受到当日还款的影响，当日还款值较大时，会引起贷款余额的波动；当日还款金额较小时，所引起的贷款余额的变化一般难以察觉。

图 15–2 是一个资金流非常良好的平台（代号为 A 平台），如果对比 2012 年的中宝投资（见图 15–3，代号为 B 平台），它们的区别极其明显。

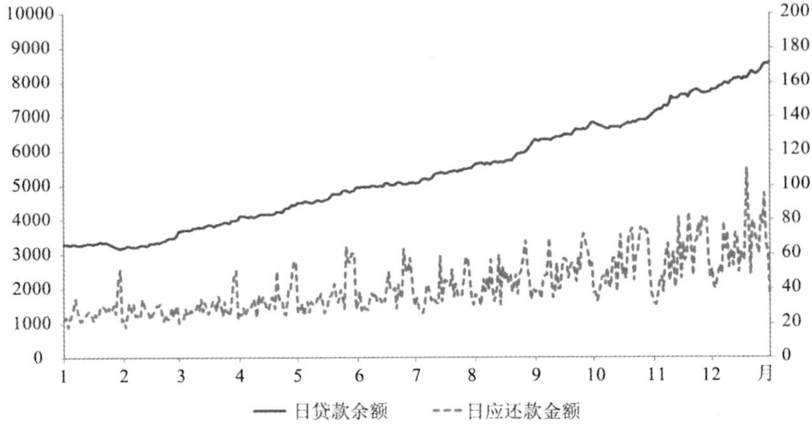

图 15-2

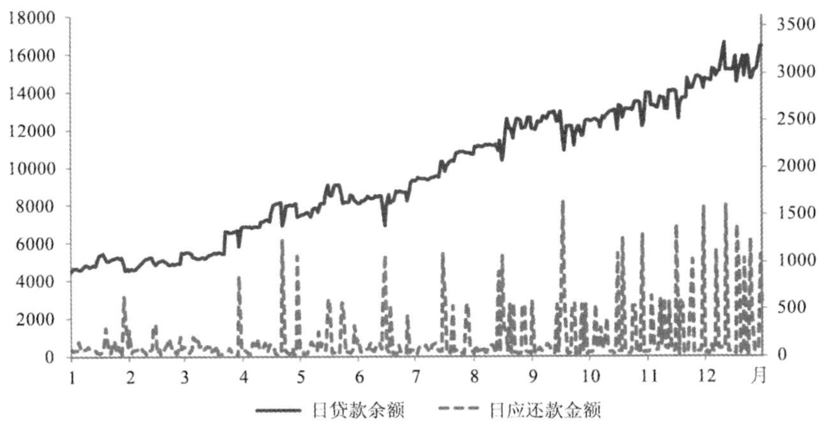

图 15-3

首先，A 平台的日贷款余额（实线）变化非常平稳，几乎没有大的波动，尤其是向下的波动，B 平台的日贷款余额则上下波动非常频繁、剧烈。其次，A 平台的日应还款金额（虚线）波动的规律性较强，

B 平台则杂乱无章。最后，A 平台的日应还款金额占日贷款余额的比率较低，它的日应还款金额峰值出现在 12 月 19 日，数值为 110 万元，当天的日贷款余额约为 7800 万元，前者仅为后者的 1.4%；而 B 平台的日应还款金额峰值出现在 9 月 17 日，数值为 1650 万元，当天的日贷款余额约为 1.2 亿元，前者对后者的占比高达 13.8%。

前两点说明 A 平台的资金出入比较稳定，每日的应还金额易于预测和管理，第三点说明 A 平台以长期、小额贷款为主，每日的应还金额量较小，即使当天的应还款全部出现违约，也不会给平台造成多大的垫付压力。B 平台的情况正好相反，数据说明它的贷款以大额、短期为主，每日应还金额的波动很大，不利于预测和管理，而一旦某天的应还款全部出现违约（由于该平台的借款金额大，借款项目数量很少，存在这种可能性），平台的垫付压力如此巨大，极易引起资金流断裂，导致平台倒闭或跑路。

因此，如果能对平台的历史资金流数据进行分析，投资人就能更加准确地衡量 P2P 借贷平台的运营平稳度和偿付压力，有助于避开资金流不稳定的平台，选择更加安全的平台。

坏账情况

在第十三章的“风控调研”中我们曾经讨论过逾期率问题，它是反映平台风控能力的关键指标。坏账率跟逾期率类似，但更严格一些。有些时候逾期不一定意味着坏账，因为借款人可能因为疏忽忘记还款，因为暂时周转不灵延后还款，甚至因为赖账失败不得不还款，只要他的款项最终（一般在 3 个月之内）还了，就不构成坏账。只有彻底无法收回的款项才叫坏账，损失由投资人或平台承担。

因此坏账率是比预期率更加准确反映平台风控能力和安全程度的一个指标。遗憾的是，绝大多数平台都不公布这个数据，投资人只能参考逾期率的搜集办法间接获得坏账数据。

而这里要强调的是，对坏账率也不能过度迷信，有坏账的不一定是坏平台，但一直没坏账的一定不是好平台。举例来说，P2P 借款发展初期，广东的大部分平台以信用借款为主打产品，在经过 1 ~ 2 年的运营之后，坏账金额普遍在 1000 万左右，坏账率最高时能达到 8% ~ 12%，即使后来以抵押甚至质押为主的 P2P 公司也无法避免坏账的发生。

无论是商业银行还是其他金融机构，长时间的坏账率很难保持在 1%（也有资料说是 1.46%）以下。如果一个平台声称自己的坏账率远远低于 1%，甚至为零，投资人就需要详加审核了，除非平台拿出无可置疑的数据证明它的观点，它要么是在欺骗投资人，要么是运营的时间还不够长（例如 2 年以内）。否则，这与金融行业一般规律相违背。

从哪里获取这些数据

通过详细的数据分析深挖平台的老底，需要相应的数据来源，普通投资人很难搜集、整理、统计这些数据。《中国 P2P 借贷服务行业白皮书 2013》详细统计、分析了 16 家 P2P 借贷平台 2012 年的数据，《中国 P2P 借贷服务行业白皮书 2014》则统计、分析了 20 家 P2P 借贷平台 2013 年的数据，可供读者参考。

此外，零壹数据网站（http://data.01caijing.com）提供大量平台的数据查询、分析服务，部分数据可免费获取，读者也可自行浏览。

A Handbook for P2P Lending

第十六章 看看那些倒闭的平台

嘿，还摆谱了，
你就臭美吧，
我问阿胡仔去。
啊，别……

“还是你能呀。”小零又扁了扁嘴，心有不甘地说。

“爱妃平身吧，朕劳乏了。”

“少贫了，你怎么能懂这么多？再传授一下经验呗。”

“不教。”

“嘿，还摆谱了，你就臭美吧，我问阿胡仔去。”

“啊，别……”小壹急忙拦住小零。

“怕了吧。”

“不是怕你找阿胡仔，是怕阿胡仔把你带沟里。”小壹目光深沉。

“他挺厉害的呀，昨天还赚了一大笔呢，又点了两套豪华午餐。”

“他掉的坑多了，都不稀得说。”

“那你呢？”小零贼兮兮地看着小壹。

“我……我……我……”

“没词了吧，你跟阿胡仔也就半斤八两。”

“胡扯！看法宝！”小壹愤怒地掏出一个小本丢给小零。

“这是啥？”

“平台死亡日记。”

“哎嘛，这么洋气的名字，不就是《那些年我们一起被坑的平台》嘛。”

“你还来劲了？不看还回来！”

“嘻嘻，不还！”小零一边拉扯小本，一边笑眯眯地说。

问题平台数量

P2P 借贷在国内的高速发展，也伴随着一系列的问题。尤其是某些借贷平台因为动机不纯、漠视风险或经营不善，给投资人带来巨大伤害，最终多以关闭、跑路甚至被警方查封收场。2013 年，这种情况愈演愈烈，出现了大批问题平台。

据不完全统计，自 2011 年开始到 2014 年 4 月中旬，至少有 118 家 P2P 借贷平台出现歇业整顿、提现困难、挤兑、倒闭甚至恶意跑路等情况，占目前可统计的 P2P 借贷平台总样本数量的 16% 左右。2013 年 10 月到 2014 年年初，国内 P2P 借贷行业爆发“倒闭潮”，4 个月内出现问题的平台占到问题平台总数的 60% 以上（见图 16–1）。

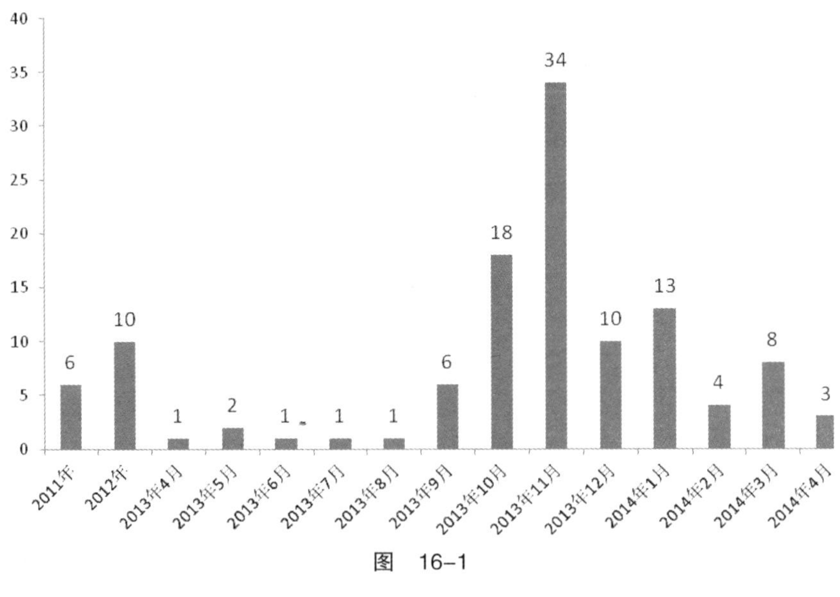

图　16–1

在118家问题平台中，23家在广东，20家在浙江，18家在江苏，这些地区也是网贷平台的集中地。与2013年前发生的零星问题平台事件相比，此次倒闭潮在时间和地域分布上都有集中化的趋势，沿海民间资本活跃地区成为跑路、问题平台的重灾区。

新上线的平台一般缺乏品牌吸引力，为了吸引更多的投资人，往往会不断提高利息或者奖励。部分平台的月收益一度高达3分或者5分，陷入恶性竞争局面。P2P借贷行业爆发式的增长吸引了很多担保、典当、小贷等线下类金融从业者的加入，但其中也有部分是毫无金融背景和信贷业务经验的创业者。问题平台的出现是行业粗犷式发展的后遗症，从某些方面来看也可以认为是行业在自发成长道路上的自我纠正和投资人教育的必经之痛。

典型的倒闭平台

在过去一年，有数万名投资者和阿胡仔一样，因P2P平台的倒闭而利益受损。整个行业在爆发性增长的同时，也暴露出了诸多问题，平台跑路事件频见报端，投资者毫无疑问成为了最终的受害者。截至2014年4月底，已跑路、倒闭的P2P借贷平台累计接近120家，占到所有平台数目的10%～15%。本节我们列举4个典型的倒闭平台。

1. 中宝投资：虚构借款为己敛财

创立于2011年3月的中宝投资，已经运营3年之久。2014年3月14日，中宝投资发布通告称，“中宝公司因涉嫌经济犯罪被衢州市公安局立案调查，网站业务暂停运作，后续消息待发布。”落款为衢州市公安局经侦支队。中宝投资网站数据显示，截至 2014 年 3 月 14 日，该平台招标总额高达 48 亿元，实际贷款总额为 45 亿元，平均每标金额为 82 万元，平均利率为 19.7%。

经公安机关侦查发现，平台负责人周某利用掌握的 40 多个虚假会员账户频繁发布虚构的借贷协议，以高回报吸引投资，平台上用户名为 zbicc 和 tention 的借款人在排除非常规借款标（秒标）后的历史借款总额分别达到 17 亿和 15 亿。“中宝投资”网站发布的贷款协议中 90% 以上属于周某虚构的项目，并且其利用平台接收资金直接用于消费的金额十分巨大，仅 2013 年至今用以购买车辆等高档消费品的金额就超过 2200 万元。

由于贷款到期后平台会将本金加利息转入投资人的网站账户，并可顺利提现转入真实银行账户，众多投资人误将“中宝投资”当作可靠的 P2P 网贷平台。但事实上，周某将其作为自己的融资平台，投资者资金进入的是周某的个人银行账户。

2. 铜都贷：自融资金开发房产

铜都贷成立于 2013 年 5 月，此后用了短短一个多月的时间，日交易量从 100 万增长到上千万元，贷款存量由几百万元上涨到过亿元。铜都贷的迅速崛起一度被认为是网贷行业内增速快、实力强、潜力大的平台。

坐落于安徽省铜陵市繁华地段的铜都贷全称为铜陵苏信投资管理有限公司，注册资本为 1200 万元整，企业法人代表为 1974 年出生的陈某。公司经营项目包括企业投资管理、项目投资、投资咨询等。陈某在铜陵当地从事民间信贷业务多年，口碑很好，资金实力雄厚，很多投资人都出于对其个人能力的肯定和信任才选择在平台上投资。

11 月初，铜都贷发布公告称因部分借款逾期，暂停提现和充值，并于当天宣布歇业。调查表明铜都贷涉嫌挪用资金做房地产开发，由于项目管理不力，遭遇大额逾期，平台资金链断裂，陈某的自有资金难以覆盖，最终平台倒闭。

3. 中财在线：拆标酿成苦果

2013 年 7 月 6 日，湖北武汉的 P2P 借贷平台中财在线网站突然无法访问，之后，中财在线官方发布公告，称其遭到了黑客攻击，因未答应对方 10 万元的勒索要求，导致部分投资人信息被泄露。

部分投资人（也可能是黑客的马甲）开始质疑中财在线业务的真实性，并就其合作的担保公司、借款人等信息提出诸多疑点，引起很多投资人选择提现规避可能出现的风险，使得该平台资金流出现问题，大额提现无法正常实时到账。

中财在线平台上的大部分借款标都是一个月的短期借款。问题爆发之后，为了缓解挤兑压力，平稳过渡，平台发布了部分财务周转标，以期减轻提现压力。但随着对平台业务质疑的越来越多，资金流问题愈发严重。之后平台推出了合同标和非合同标，其中合同标的含义是：借款人的还款日期以实际合同为准，非合同标则是期限错配标。

事后发现，这个平台上的实际借款期限较长，而新上线的中财在线因为担心投资端跟不上，只能通过提高借款利率和对借款标进行期限拆分来吸引投资者。黑客袭击引发大面积的投资人提现时，期限错配的弊端尽现：平台方在部分资金没有完全回笼的情况下，需要垫付已经到期的借款标，从而导致资金链断裂，提现不得不被延迟。提现延误进一步加剧了投资者的恐慌心理，提现行为更加激烈，以至于平台最终无法运营。倒闭事件涉及 300 余名投资者，近 3000 万的放贷资金难以收回。

4. 非诚勿贷：家族平台运营不当

原知名 P2P 借贷平台上的借款人“霸天虎”自立门户，在浙江绍兴开了一家平台——“非诚勿贷”，于 2012 年 3 月上线运营。2013 年 5 月初，身在绍兴的平台离职客服在网上爆料网贷公司惊人内幕，使非诚勿贷受到怀疑，投资人纷纷提现，更多的问题开始浮出水面。

经调查，非诚勿贷的贷款业务和财务记账非常混乱，所有的业务、转账和回款只有平台负责人蔡某一个人知道，也无法提供电脑记账记录。虽然部分放贷的转账记录可以通过网银查看，但回款没有人名，无法一一对照。“非诚勿贷”是一个典型的家族式平台，工商注册的法人代表是蔡某的妹妹，而蔡某妻子、妹妹、妹夫等人负责财务、客服和业务工作。

借款人的开发、授信、风控基本由负责人蔡某一人全权掌握。因在淘金贷及优易贷两个问题平台事件中，蔡某出资悬赏或资助投资人维权，赢得了部分投资人的信任，致使大部分投资人没有选择在第一时间撤离平台，沦为最后的受害者。非诚勿贷涉及资金超过 2600 万，截至 2014 年 5 月，投资人维权工作仍在进行中。

中宝投资案例详解

中宝创投成立于 2011 年 3 月，于 2014 年被衢州经侦部门立案调查。从有关渠道获悉，中宝投资可能存在自融及标的信息不符的情况（见图 16–2）。

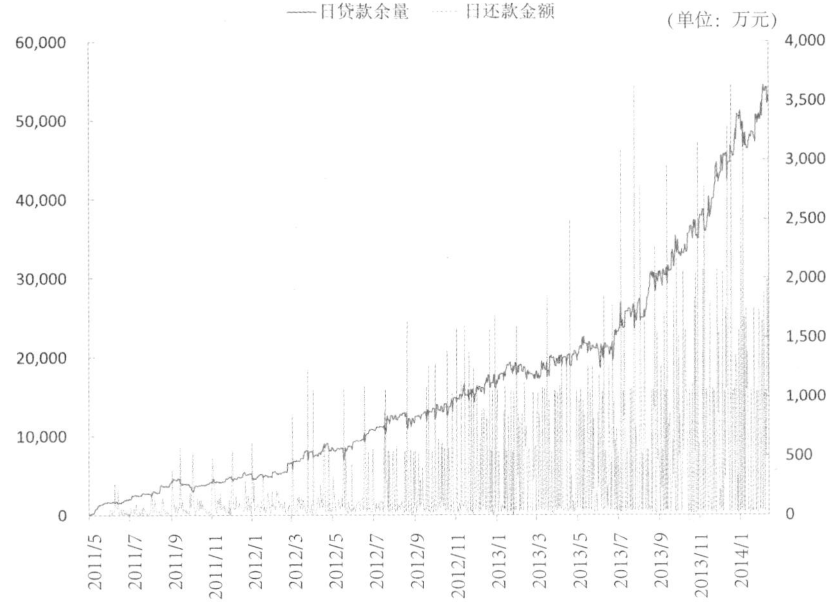

图 16–2

图 16–2 显示了中宝投资成立以来的整体资金流动情况，可以明显发现，无论在哪个阶段中宝投资的当日贷款余额波动都十分剧烈，2012 年开始振幅超过 1000 万，到 2013 年年中已经达到了 3000 万的高幅水平。单日贷款余额的波动甚至已经对贷款余额造成了明显的影响。资金流数据显示出中宝投资平台上的两个事实：

（1）每一次巨额还款日的背后就是更大的借款发生额，进行更多的融资。

（2）中宝投资单日资金压力最高达到 3000 万以上，这就意味着，当天至少有 3000 万资金的兑付压力，这个兑付额度甚至高于乡村信用社一天的取款需求。而在较长的时间内中宝未发生资金流断裂，直至经侦调查立案之前，也没曝出提现困难等问题，说明中宝投资具有一定的资金调动能力或可能存在一些特殊的方式对投资人进行资金锁定。

进而产生两个疑问：

（1）从贷款余额上分析，中宝投资的资金需求应该是强烈的，在业务正常的前提下，大额资金需求的还款期限越长，越有利于资金的调配，单位时间内的还款压力越小。但日还款金额十分巨大，基本可以认为，单笔借款金额巨大而且期限十分短。集中兑付压力很大，为什么中宝投资不调整借款产品结构，延长借款期限？（借款产品期限的延长，既可以增加平台的盈利能力，又可以减轻当日兑付压力，降低借款人的还付压力。）

（2）大资金兑付之后，马上有更大的贷方发生额，是什么吸引了投资人继续投入更大的资金？

针对这两个疑问，我们调取了更详细的中宝投资的历史数据，在 47 个借款人中，有两个借款用户 ID 引起了我们的关注。

用户名为 zbicc 和 tention 的借款人在排除非常规借款标（秒标）后的历史借款总额分别达到 17 亿和 15 亿。有 107 笔年化利率为只有 1% 的借款标，总额 7 亿元，均为两人所发。

zbicc 最新一笔标的，也是中宝平台上最后一笔标的，标题为“新人勿投，看清楚标题续增值标 2.5klGZFLZ 20131210（投错概不负责）”（我们暂称为 B 标）。该标详细注明：

“上标已到期，劳烦各位投资人按照原金额继续投标支持，根据资金占用时间按照原方法结算。原投资人因故 48 小时内未再续投或者足额续投的部分，按照 6% 线下结算利息，不享受额外分红。原投资者超过投资的部分及未投前标的投资人，按年利率 1% 线上结算利息。”

所谓“上标”指向的是另外一个标的“增值标 2.5klGZFLZ 20131210”，这个项目的借款时长为 3 个月，至 2014 年 3 月 23 日到期。（我们称之为 A 标），标的详情如下：

“项目投资，时间 6～12 个月，预期收益率 20% 左右。投标金额要求：1 万或者 1 万的倍数，每整万元为 1 份（投资 19999 也视为 1 份）。请各位不要携带零头，谢谢合作。根据行情一个季度后，如未成交，到期还款后需继续发一次季度标，烦劳各位投资人按原金额继续投标支持，根据本金实际投资时间结算收益。原投资者因故未再续投者，按月息 2% 线下结算，不享受额外分红。额外分红说明：假如 3 个月卖出后只赚 5%，除归还本标本息外，投标人固定分红 6%；如 3 个月卖出后赚 18%，除归还本标本息外，固定分红 6%，加超出部分 12% 的一半作为额外分红，相当于投标人 3 个月收益 12%；如 6 个月后卖出，净赚 22%，除固定分红 12% 外，超出部分 10% 的一半作为额外分红，相当于 6 个月收益 17%。”

稍微留心，即可发现：B 标是 A 标的一个延续，A 标描述中已经说明了投资者只有在连续参与的情况下，才能获得高额收益。虽然按照 3 个月的期限，投资者每 3 个月都可以退出，但是回报很低（2%）。

整个项目中有极强的回报机制激励投资者继续投标。投资者相当于参与了一个持续投资计划，在不间断投资的情况下，期限越长，项目承诺的回报越高。

至此，我们的疑问得到解答，比较合理的解释是：

（1）平台自融，资金可能用于一些高回报的投资项目。

（2）借款标的，只是吸收投资人资金的渠道，已脱离 P2P 借贷的范畴。

它们为什么会倒闭？

先天不足，恶意诈骗

P2P 借贷行业至今还没有对应的监管规则，行业进入的门槛较低，没有运营牌照和注册资本等硬性要求，P2P 网站的模板甚至都可以从淘宝上购买。而与之形成鲜明对比的是，作为类金融机构的 P2P 平台，拥有机会和能力去间接甚至直接地接触和动用来自于借款人的资金。

监管空当加上金钱诱惑让一些不法分子怀揣圈钱、诈骗的目的开办 P2P 借贷平台，通过包装、虚假宣传等方式搭建看似完善的网贷平台，并以高额收益为诱饵，借助“秒标”、“抽奖”、“充值返利”、“抢标送礼”等优惠活动吸引投资人，很多投资人在追逐高额利润的心态之下，助力不法分子在短时间内集结大量资金，平台则在合适的时机卷款跑路。这种以恶意圈钱为目的的平台，其倒闭是不可避免的。

经营不善，后天失调

当然，除了恶意诈骗，倒闭平台中也不乏经营不善者，而这些经营问题都逃不过“风险”两个字。

（1）信审方法落后。

很多倒闭平台的问题都出在P2P借贷源头——审贷环节。

因为有些创业者还是基于传统民间借贷去理解P2P借贷，以传统方式去管理P2P平台和操作流程。而P2P作为一种基于互联网的借贷模式，照搬传统民间借贷的管理理念和方法显然很难适用。

这类平台在信贷审核的规范性上，存在很大问题。在线下的债权开发上，可能会出现人情关系先于流程标准的情况，借款人多来自平台负责人的亲戚、朋友，甚至还存在互保联保的多角债，涉及二级债权的转让；所谓抵押、担保也流于形式，当逾期发生的时候，基本无力催收。审贷的不规范管理也是原因之一，如业务员为了奖金提成帮助借款人包装审贷材料，或者审贷员在信用审核时流于表面、主观随意。

（2）构建资金池，经营期限错配。

投资人和借款人往往对借款期限有着不同的诉求，投资人为规避长期投资风险，希望借款期限越短越好，而这往往与借款人的意图相违背——期限越短，资金运用的效率可能越低。这种矛盾形成平台介入期限拆标的天然动力，也就是所谓的期限错配。正是期限错配让很多平台迷失了方向，最后步入了问题平台之列。

期限错配有着极大的法律风险：平台若私自对借款进行期限拆标，必然意味着它向投资者隐瞒了借款人的真实需求；它用后一批投资者的资金去支付前一批投资者的本息，在操作上经常会涉及构造虚假合同或阴阳合同，有合同欺诈之嫌。

很多倒闭平台具有两大特征：高额回报和期限极短。P2P 平台的投资期限从 3 个月到 2 年不等，有的甚至长达 3 ~ 5 年，但很多问题平台借款期限都不到一个月，频繁推出天标和秒标，“用新账还旧账”，一旦遭遇大规模挤兑，平台很难有“新账”来源，“旧账”的窟窿就补不上，这种情况下，除非平台负责人有足够的资金实力去覆盖，否则很难挺过去。

（3）漠视风险，缺乏管理。

忽视风险，以“家族式”的 P2P 借贷平台最为突出，企业内部缺乏独立的财务管理，对借款产品的开发缺乏论证分析，对负责人（或主要管理人员）缺乏必要的制度约束。随着借贷业务增长，侥幸心理更重，经常会产生“钱（投资人）都这么多了，怎么花都不会有太大问题”的错觉，为最后的经营困局埋下伏笔。

如来自浙江宁波的阿拉贷平台认为企业过桥贷款期限短、利润高，开发了大规模的过桥贷款，本身就没有做好应有的风险分散管理，加上未能及时发觉政策性风险，造成了最终的倒闭。

除了表面上看似安全的过桥产品，部分借贷平台甚至还开发了高风险的金融产品借款标的，参与股票、期货、贵重金属等市场的做空做多操作。在赌徒心理的驱动下，这些平台负责人为了筹集资金，不惜虚构借款、挪用投资人资金。

A Handbook for P2P Lending

第十七章
我能未卜先知吗？

为啥啊，
你就劝劝我妈呗，她都癫狂了，
天天就是吃饭、抢标、打新。
你不也是天天吃饭、
抢标、打壹壹？

“诶，小壹啊！你说我能未卜先知吗？”

“不能！”小壹明确地断绝了小零的念想。

“为啥啊，你就劝劝我妈呗，她都癫狂了，天天就是吃饭、抢标、打新。”

“你不也是天天吃饭、抢标、打壹壹？”

“咦~~还壹壹，真恶心……”小零一口把梅核吐了出来。

“是你想我让去还是咱妈想让我去？”小壹凑近小零，贱贱地问。

“还咱妈……有区别吗？”

“有，咱妈要我去，我就去，至于你……”小壹摊出双手。

“去了有啥用，你连哪个平台啥时倒闭都猜不出来。”小零推开小壹的手，附送一对白眼。

“你不知道它是不是雷，就断定一定会被炸死？”

“什么意思？”

“关键不在于什么时候爆炸，在于它是不是地雷！”

“还会不会说人话了？”

“……”

“妈！”小零欢快地拨通零妈的电话：“壹贰叁肆晚上要到家里吃饭，你准备一下嘛。”

“他真的要来？”零妈果断地关闭电脑，走向厨房。

“是呀，他还要教你排雷呢。”

“排雷？排啥雷？”

“嘻嘻，你就别管了，反正是好事。”

“OK，OK，OK，OK，OK，OK。”零妈喜上眉梢，忙不迭地说。

地域聚集效应

表 17-1 是零壹数据整理的在 2011 年到 2014 年 4 月的 118 家问题平台的地域性分布数据。数据表明，这 118 家问题平台中，23 家在广东，20 家在浙江，18 家在江苏，这些地方恰好也是网贷比较集中的地方。安徽、山东、上海和湖北问题平台的比例也超过了 1%，但是考虑各地的平台数量不同，湖北、安徽和江苏算得上问题平台的集中爆发地。值得投资者注意的还有内蒙古、海南和甘肃三个省份，省内有接近一半的平台出现了问题。

表 17-1

省份	整体比例	地区比例
广东	3.31%	16.08%
浙江	2.88%	17.54%
江苏	2.59%	31.58%
安徽	1.30%	34.62%
山东	1.01%	12.50%
上海	1.01%	13.21%
湖北	1.01%	35.00%
北京	0.72%	7.81%
四川	0.58%	14.81%
湖南	0.58%	17.39%
福建	0.43%	11.11%
内蒙古	0.29%	40.00%
陕西	0.14%	16.67%
广西	0.14%	11.11%
重庆	0.14%	12.50%

（续表）

省份	整体比例	地区比例
云南	0.14%	16.67%
海南	0.14%	50.00%
山西	0.14%	25.00%
甘肃	0.14%	50.00%
辽宁	0.14%	20.00%
江西	0.14%	7.14%

由于平台倒闭是全国性的普遍现象，它与平台的省份分布未必有直接关系。统计上述数据的目的不是建议投资人根据地域选平台，而是要注意这样一种情况：当某地的一家平台开张并迅速吸引来大批借款人、投资人的时候，当地的其他人很可能会群起效仿，运营模式则完全复制本地的第一家平台。如果第一家平台的模式存在严重问题，当它的问题爆发时，其他平台也在劫难逃。

这种“母鸡带小鸡”效应会引起同类模式平台在物理区域上集中，形成一荣俱荣、一损俱损的局面，已经屡屡发生。所以投资人在考察平台的时候，可以注意该平台的临近区域是否有大量同一模式的平台，该模式的经营历史、经营效果是否已经经过验证，是否安全、可靠。

综合利率偏高

图 17-1 是零壹数据统计的 28 家问题平台和 20 家样本平台的综合利率对比。从总体情况来看，28 家问题平台的综合利率普遍偏高，综合利率在 30% 以上的有 25 家，其中网赢天下、光大信投和银实贷

三家平台的综合利率甚至接近 50%，这与 20 家典型样本平台普遍小于 20% 的数据形成鲜明对比。

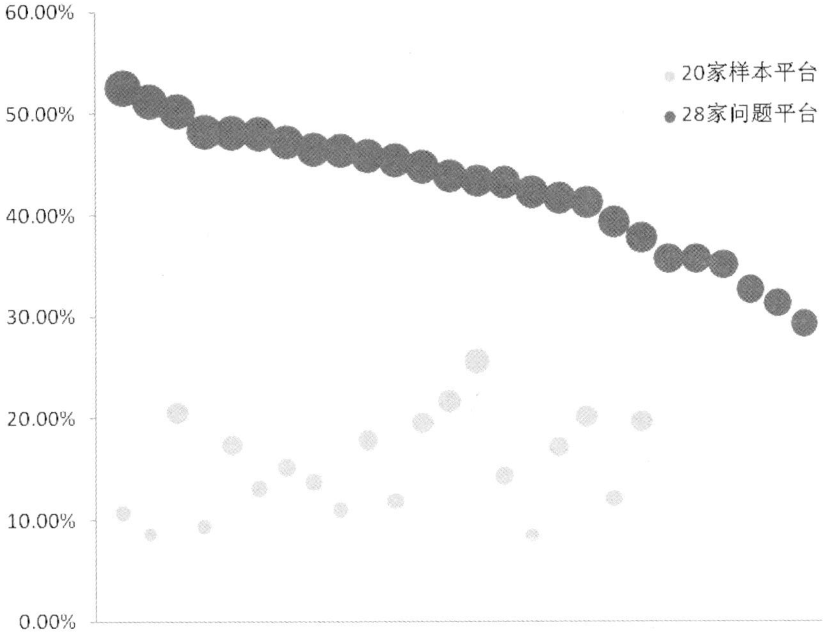

图　17–1

为什么问题平台的利率普遍偏高？有诸多原因。很重要的一条就是那些恶意诈骗或以自融为目的的平台，它们的最终目的就是在短时间内吸引更多的投资人和资金到平台上来，高额回报的方式最为奏效。事实也证明，高额回报率是造成投资人上当受骗的最大诱惑。如今，P2P 借贷行业有这么一句话："看到年化收益超过 20% 的平台就要提高警惕了"，虽然说得有些绝对，但对那些天天"吃饭、抢标、打新"的非理性的投资人是个有价值的警示。

人均借款额偏高

图 17-2 是 28 家问题平台与 19 家样本平台的人均借款金额分布，其中光大信投的数值在 5500 万以上未标出。除温州贷、合拍在线、盛融在线（排除净值标影响）等样本平台的数值偏高，问题平台的人均借款总额要显著高于其他样本平台，有接近 10 家问题平台的人均借款金额超过了 500 万。

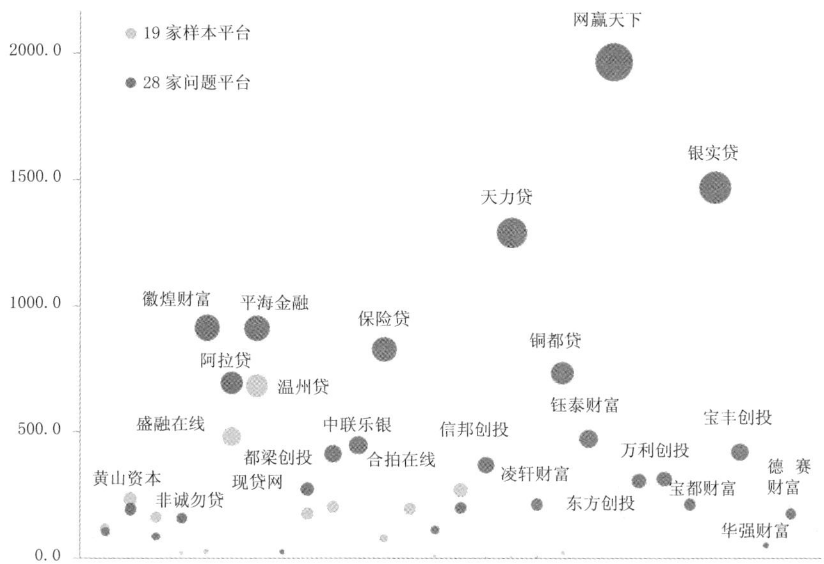

图 17-2

从根源上来看，P2P 借贷行业出现如此高的人均金额本身就有值得探讨的地方。P2P 借贷之所以在中国呈现爆发性增长，就是因为它填补了一个市场空白，服务了被银行拒之门外的普通个人、个体工商户和小微企业主，这一群体的资金需求多以小额为主。

先不去管那些问题平台上是否存在借款人或借款需求的造假问题，人均借款金额超过 500 万的借贷平台本身可能就偏离了国内大众普遍认知下的 P2P 借贷，它对风险控制和运营管理的水平要求极高。如果不是多年浸淫于风险管理行业，积累有丰富经验，普通的民间借贷、互联网领域创业者，要在短时间内达到如此高的业务水平，有较大难度。

同时，由于 P2P 借贷平台多承担担保责任，人均借款金额偏高就蕴含着更大的风险。一旦遭遇短期集中兑付或者单个借款人逾期，就容易发生提现困难，导致资金链断裂。这一问题与第十五章的“借款集中度”类似，平台的人均借款金额水平是否偏高，是反映平台倒闭风险的关键性参考指标之一。

运营时间短

图 17-3 是 97 家问题平台的营业周期，就是从上线开始到出现问题所经历的时间。结果显示，其中仅有 8 家平台正常营业时间超过 1 年，其中中宝投资历时最长，为 3 年。上线 3 个月之内就出现问题的平台多达 56 家，占到 47.7%。

图 17-3 反映了一个明显的规律：随着时间推移，2012 ~ 2014 年，问题平台的生命周期越来越短，尤其是在 2013 年，大多数问题平台的生命周期仅在 3 个月以内。统计结果提醒投资人，在面对成立不到 3 个月的 P2P 平台时，需要给自己多一些时间进行平台考察。

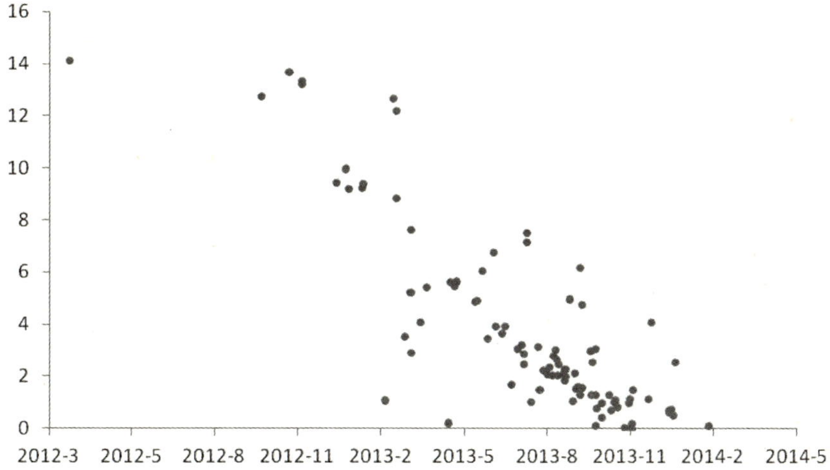

图 17–3

温故而知新

细心的读者可能会发现，本章介绍的大部分数据在第四章“小白选平台”中都曾经出现过。当时我们简单粗暴地推出了“算算每人借多少”、“瞅瞅平台活几年”、“不要贪心”等标准，没有详细解释给出这些标准的原因。

现在，随着 P2P 借贷知识的增加，数据认识的丰富，读者再看到这些标准，想必内心别有一番滋味吧。绕了一圈，我们又回到原点，返璞归真。平台还是那些平台、方法还是那些方法，能够把平台看多细，方法用多深，除了经验的积累，还需要我们付出更多的好奇心，孜孜不倦地学习。毕竟，“躺着就把钱挣了”不是那么容易的哟。

保持理性、“不贪婪”的心理，熟练应用本书的“未卜先知”术，投资人应该可以避开绝大部分的地雷。但是要注意，地雷也是在不断进化的，在法律规范、信用环境健全之前，投资人与那些无良平台的攻防战永远不会结束。不过，如果投资人都能做到“温故而知新”，无良平台也就只能“不亦君子乎”了。

小知识：自融现象

1. 从 2013 年的跑路情况来看，“自融”现象是很多 P2P 公司倒闭跑路的一大特征，近 90% 的倒闭平台都存在自融现象。自融指的是 P2P 借贷平台股东或者关联人作为借款用户向投资人进行融资，获得的资金主要用于原有企业的发展。
2. 这类平台的自融资金往往有两个流向。
3. 第一类是为投资高回报项目融资。带着自融目的踏入 P2P 借贷行业的平台往往承诺给用户 20%、30% 的高额回报，寄希望于业务盈利后归还贷款，但是畸高的利息成本迫使它们只能投资高风险的行业。“铜都贷”就是将自融资金投入房地产行业，由于运营不当导致项目逾期，最终致使平台倒闭。而来自内蒙古包头的银实贷，则是拿着投资人的钱自己开煤矿，煤炭销售不顺利，最终导致资金链断裂。
4. 第二类是为了解决自身资金紧张的问题。自融平台的关联企业急需资金，又无法从银行等金融机构获得贷款，便以 P2P 网络借贷平台为掩护、以高额的利息当诱饵，为自身企业融资输血，解决经营难题。这类平台经常通过虚构借款人和借款项目进行集资。由于大多数关联企业本身的经营就存在问题，未来的经营还存在诸多不确定因素，风险难以控制。

总之，无论是为了解决已有的资金紧张难题还是为了扩大投资，P2P 借贷平台在这个过程中既充当裁判员又充当运动员，很容易导致道德风险和管理风险的累计，最终只能走向倒闭的结局。

第十八章 历史小讲堂

A Handbook for P2P Lending

妈！你胡说什么呀？
壹贰叁肆同学，
你觉得我们家小零怎么样？

“讲得真好！”零妈拼命地鼓掌，顺手又给小壹夹了一块红烧肉。

“妈，要矜持！”小零敲了敲桌子。

“好。”零妈放下筷子，正襟危坐，缓缓地对小壹说：“壹贰叁肆同学，你觉得我们家小零怎么样？”

“妈！”小零猝不及防，手足无措。

“怎么了？”零妈无辜地看着小零。

“你胡说什么呀？”

“怎么了，我想让壹贰叁肆评价一下你的理财能力呀。”

“噗~”小零和小壹双双把红烧肉吐了出来。

“小零挺好的。”小壹说。

“好在哪？”零妈问。

“……”小壹迟疑地看了看小零，一时也不知道该说些什么。

“啪！”小零把筷子往桌上一拍，眉飞色舞地说：“既然今天是 P2P 理财大聚餐，小女子不才，给大家讲一讲那 P2P 借贷的故事。”

“好！好！”小壹尽全力做好捧哏的职责。

“唉，讲吧，反正你的嘴就不能闲住。”零妈一边收拾餐桌，一边不满地对小零翻白眼。

“嘻嘻，列位看官，言归正传，今天咱们就从 P2P 借贷的历史讲起。”小零别有意味地看着小壹。

P2P 借贷的缘起

过去，商业银行一直在社会资金的融通中扮演着主要角色，并出色地完成着它的使命。但因为商业银行特殊的运作方式，它必须在风险控制上严格要求自己，这就抬高了银行的运营成本，使得其服务个人小规模资金需求时，显得不那么经济。欧美信用卡接近 20% 的利率也许就是一个直观的例子。

而如果一个人想要借得一笔资金，除了找银行和亲戚朋友，其他途径是很有限的。银行成本偏高，亲戚朋友也存在种种不便，可以说这一需求始终没有得到很好的解决。近些年随着欧美信用体系的进一步完善，以及互联网技术的持续发展，地域、专业、信息等个人借贷间存在的问题得到了较好的解决，使得 P2P 网络借贷成为可能。

P2P 借贷的故事开始于英国，2005 年世界上最早的一家 P2P 借贷平台 Zopa 成立，这个名字是“协议空间”（Zone of Possible Agreement）的缩写，它使得互不相识的借款人和投资人可以绕过银行直接在网络上达成协议，完成借贷。这种新颖的方式一出现就立刻取得了广泛的关注。比较复杂的银行系统，Zopa 的模式简单明晰，能以极低的成本运行，而不用承担银行面临的复杂风险，从而更多地让利于借款者与投资者。Zopa 模式随后成为模板，在各国被迅速复制。

Zopa 最初采用贷款拍卖模式，借款人设定自己能承受的最高利率，投资人可设定一个更低的利率互相竞争，希望以“市场”的方式为贷款确定利率，美国第一家 P2P 借贷平台 Prosper 也承袭了这一方式。这种方式的愿望美好，在实际运作过程中却过于笨拙和复杂，往往并不能给借款人带来真正优惠的利率，因此逐渐被废弃。后来，Zopa 的做法是先给出预期利率，借款申请人接受并提交申请后再进一步确定利率。

Zopa在风险管理上，一方面对接主流信用评分机构，完善自身的风险审核能力；另一方面设置类似风险准备的安全基金，用于偿还贷款违约时投资者的本金和利息。这一系列制度有效保证了Zopa的健康运营，在保持了极低坏账率的同时，2013年Zopa的借款额超过1.9亿英镑，为投资者带来约2800万英镑的收益。

P2P借贷的国外发展

P2P借贷在诞生之初主要针对的是个人借款，但随着市场的成熟，新成立的平台开始面向企业贷款。2010年8月，英国的Funding Circle正式上线，专门解决小企业融资难的问题。通过建立完善、高效的风控模型，Funding Circle实现了业务的快速增长，目前它是英国第二大P2P借贷平台，促成的贷款总额超过2.9亿英镑（截至2014年6月）。此外，Zopa在2013年7月开始为小微企业提供贷款，美国最大的平台Lending Club于2014年3月开始开展这项业务。

除了Zopa和Funding Circle，英国还诞生了许多各具特色的P2P借贷平台，如2010年10月上线的Rate Setter，它最早使用“预备基金”的方式为投资人垫付逾期借款；成立于2011年2月专注于票据市场的MarketInvoice和2013年年底才开始运营的专注地产投资的Wellesley&Co等。其中Wellesley&Co发展非常迅速，还促成了英国P2P借贷历史上最大单笔贷款，高达830万英镑的市区重建项目。

相比于英国P2P借贷市场参与者众多的局面，美国的P2P借贷市场主要被两家平台瓜分：2006年成立的Prosper和次年成立的Lending

Club。其中较晚成立的 Lending Club 后来居上，目前是海外 P2P 行业的领军者，其总借款额超过 43 亿美元（截至 2014 年 6 月）。

造成美国 P2P 借贷行业寡头格局的原因在于，在 2008 年界定关于 P2P 借贷的监管范围时，SEC（美国证券交易委员会）认为 P2P 借贷平台上出售的凭证属于证券，P2P 借贷的实质是资产证券化的过程，因此应当接受严格的监管。之所以制定如此严苛的规则也许与金融危机后美国监管当局的过度谨慎有关，其结果就是极大地提高了市场进入门槛，阻碍了后来者的脚步。

在 Prosper 和 Lending Club 向 SEC 申请注册期间，Prosper 停止了新贷款的申请，而 Lending Club 则继续以自有资金放贷。在金融危机后金融机构普遍惜贷的情况下，P2P 借贷成为许多人的救命稻草，Lending Club 也在此期间迅速扩大市场，曾一度拥有超过 80% 的市场占有率。

观察海外 P2P 借贷平台的运营情况，虽然模式不断变化，但大体上借款者支付的利率比银行低，投资者获得的利率较银行高。采用互联网这种低成本的运作方式是一个原因，还有一个重要因素就是这种模式较银行复杂的资金中介模式有更低的管理成本。

当然，目前银行模式在更大范围的资金需求上还是有不可替代的优势，P2P 借贷想要彻底替代银行，真正达到所谓金融“脱媒”还有很长的路要走，或者最后也难以完全替代。但 P2P 借贷的潜力仍是巨大的，在其可以发挥作用的领域内，至少仍有数十倍的发展空间。

我国 P2P 借贷的发展

P2P 借贷的熊熊烈火早在 7 年前就烧到了中国，但与海外同行相比，我国 P2P 借贷市场显得十分另类。自 2007 年第一家网络借贷平台拍拍贷在上海成立，在最初的几年里，国内 P2P 借贷行业的发展一直不温不火，未能造成很大的影响。造成这种现象的原因有很多，重要的一点是中国的信用体系尚不健全，整体金融环境与国外差距明显，平台对借款项目的筛选审查成本过高，或缺乏风险控制技术导致市场混乱。总之这种舶来模式最初的到来，并没有找到适合其发展的温床。

随着 P2P 借贷本土化的步伐加快，逐渐衍生出了“本金保障制度”、“债权转让”等一系列适应中国特色的改变，并且开始与中国另一大金融力量“民间借贷”擦枪走火。尤其是与庞大的民间金融结合，直接导致了我国 P2P 借贷后来井喷式发展。

到 2009 年年末，我国可统计的 P2P 借贷平台数量也仅有 9 家。而真正的爆发式增长是在 2011 年与 2012 年两年间，截至 2012 年年末，国内平台数量超过 100 家，贷款规模在 200 亿元左右。2013 年是我国的“互联网金融”元年，P2P 借贷更是其中的佼佼者。到 2013 年年末，可统计的各类 P2P 借贷平台有近 700 家，年成交额约为 1100 亿元。

在 P2P 借贷进入中国的同年，宜信开始了他们线下 P2P 借贷的生意。这种线下模式主要以债权转让的形式进行，通常是专业放款人先以自有资金放贷，然后将债权转让给投资者，回笼资金继续开发新的贷款，投资者和借款人的接触均通过线下进行。这种模式可以快速扩大业务规模，但也常常得到信息不透明的批评。线下平台凭借这种模式迅速做大市场，并伴随着一系列讨论，在较大范围内普及了 P2P 借贷的概念。

我国 P2P 借贷行业无论是从创业还是运营都呈现出强烈的草根色彩，但也不乏传统金融企业的加盟，平安集团旗下的陆金所就是一个典型案例。这类平台首先展现的是强大的风险控制能力，其面向投资者的产品虽然收益率略低但往往提供全额的本息保障。未来还会有更多传统金融巨头进入这一领域，这对现有平台来说是更加残酷的竞争，但对市场来说能起到更加规范的作用，最终使投资者受益。

由于我国 P2P 借贷平台在市场上表现出的巨大潜力，在过去一年中，各大平台几乎都引入了风险资本的投资，且以境外机构为主，金额多在千万美元级别，其中人人贷甚至达到 1.3 亿美元，足可见资本市场对行业价值的认可。

观察我国 P2P 借贷运营情况，与海外存在着很大差异。其中最突出的一点是其借贷利率均显著高于银行利率，与欧美 P2P 行业绕过银行的形态截然不同。这其实是与我国民间金融对接的结果。我国目前利率市场化改革尚未完成，金融体制尚不完善，对许多个人和小微企业资金需求的覆盖处于缺失状态。这些资金需求往往依靠所谓的“民间借贷”来满足，而民间借贷市场因为种种操作不规范和信息不对称，利率偏高，造成了居民存款利率与民间小微借款利率之间的巨大差别，最终成为我国 P2P 借贷爆发式增长的沃土。

在形态与模式上，我国的 P2P 借贷平台越走越远，市场容量也远超国外，这让许多人质疑我国的 P2P 借贷是否已经背离了其最初的本意。但无论如何，这种舶来品在适应了中国国情之后所爆发出来的潜力是巨大的，它的出现不仅拓宽了我国居民的投资途径，更引导民间金融走向正规化、规范化。从这方面讲，我国的 P2P 借贷与海外应是殊途同归，只不过海外 P2P 借贷绕过的是银行，而我国是绕过了正规金融与民间金融的巨大鸿沟。

我国 P2P 借贷担保的发展

在我国 P2P 借贷行业的发展变革中，担保模式的兴起是一条重要线索。从最初强调风险自负，到现在大部分平台提供本金甚至本息保障，暗示着我国的 P2P 借贷平台离所谓的“信息中介”（即平台只负责借贷需求的筛选与撮合，不承担具体的借贷风险）还有很大的距离。

国内最初的 P2P 借贷产品大多是信用借款，无抵押、免担保，偏重个人、小额借款，强调风险自负。这种形式仿照国外引进而来，因为我国信用体制不健全，难以对借款人的信用进行有效审核，也很难对贷后过程进行管理，违约成本低，管理成本高，投资人承担的风险极高，借款人支付的利息也很高。因此资金的供需两端都没有有效激活，市场规模增长缓慢。

经历过信用借款的曲折经历之后，平台经营者们开始寻找解决风险的途径。从 2009 年开始，一些平台开始提供担保借款产品。这种担保借款一般是平台引入其他担保人，为某一个借款提供担保。担保人可以是该平台的普通用户，但须在该平台拥有一定的资产。担保人的担保行为是收取报酬的，这就相当于将风险有偿转移给了该平台的其他投资者，如果形成坏账，就由这个担保人代为赔付本息，然后债权转让给担保人。

通过这种借款虽然可以实现风险的内部转移，满足部分投资者的低风险低收益需求和部分投资者（担保人）高风险高收益的需求，但也存在着不小的问题：投资人往往为扩大收益盲目进行担保，却没有相应的风险识别能力，这就导致风险的不正常传导，并最终对投资者不利。

2009 年还上线了一个重量级平台红岭创投。这个平台首创了平台担保模式，对其 VIP 客户进行 100% 本金保障。不同于投资人担保模式，平台担保从借款源头上就要求平台审慎而为，控制平台整体风险水平。由此平台对借款者的要求日趋严格，线下审核、抵押 / 质押借款等风险可控的借款项目开始激增，这也意味着 P2P 借贷更加接近金融机构的运作模式，逐渐远离信息交换平台。

在平台担保模式持续了一段时间后，很多人意识到这其实是一种模糊的不规范的担保形式。首先，平台不一定具有融资性担保资质；其次，平台担保信息往往也很不透明。由此又衍生出两种变相的平台担保：风险备用金模式和第三方担保模式。

2012 年后，人人贷开始对其平台所有借款标实行本金保障，它采用的就是风险备用金模式。平台对成交的每笔借款收取一定的风险备用金，集合起来作冲销坏账之用。该模式在条款设计上并没有严格写明对每笔借款进行 100% 担保，风险备用金的计提也不作为平台收入，直接存入专门账户，对逾期借款的赔付以当期风险备用金的数额为限，具有较好的合规性。

同年，红岭创投转向第三方担保模式，成立正规的融资性担保公司，为平台提供借款担保。这种模式受到法律保护，在其担保范围之内进行全额担保。陆金所同样采用这一模式对平台上的借款进行全额本息担保。这种模式的缺点在于融资性担保公司的担保余额不得超过其资本金的 10 倍，当平台交易量到一定规模时，担保公司的资本金将对平台的发展形成限制，这种模式的成本也高于风险备用金。

很多人质疑 P2P 借贷的担保化会牵扯太多风险，背离 P2P 借贷诞生的本意。事实上自 P2P 借贷诞生之初，平台就承担着风险识别、风险过滤、风险定价等风险管理工作。P2P 借贷平台想要做成单纯的信息中介，在信用体系完善的西方社会也是不可能的。再观察英国 P2P 借贷的发展，多家平台也早就开始使用风险备付金、抵押、担保等手段控制风险。

产品形态的更迭进化是不断适应市场需求的结果，也展现了我国 P2P 借贷行业的创造力和探索精神。这对中国的意义非同寻常，也是缩短与西方国家差距的重要契机，所以在模式的探索与变革上，我们或许应该少一些成见，多一些宽容与支持。

资产的多元化

在 P2P 借贷刚刚进入中国的时候，平台提供的服务仅限于个人信用借款，几个人就能运营一个借款项目的发标、投标，投资者也只能按照网站给出的粗糙评级筛选借款。这种小额信用借款是 P2P 借贷原生的资产形式。7 年之后，我国 P2P 借贷平台上的资产类型已经产生了翻天覆地的变化。

首先，个人抵押 / 质押借款进入 P2P 借贷平台是顺理成章的事情，为了避免信用借款的高风险，要求借款人提供抵押 / 质押担保，是借贷行业的惯例。其中以抵押借款居多，抵押品多为房产、汽车，在 P2P 借贷行业已经出现多家专注于住房抵押、汽车抵押的平台，形成了相当大的规模。

而个人资金周转只占融资市场的一小部分，企业才是融资的最大需求所在。中小企业的融资需求最先进入了 P2P 借贷平台管理者的视野，其融资额远高于个人借款，可以有效缓解资产供给不足的痛点。这种被称为 P2B 的模式在 2013 年获得了很大发展，平台面向企业借款，有单笔借款金额较高，风险比较集中的特点，要求平台拥有较强的风险控制力。

P2B 模式出现后，迅速与其他专业融资领域融合，一方面为平台提供更加多样的资产，另一方面帮助专业融资服务企业提高资产的流动性或融资杠杆率。融资租赁与 P2P 借贷的结合就是这样一个尝试。我国的融资租赁行业近年来快速发展，形成了超过 2 万亿元债权的沉淀。其中的部分企业开始通过互联网平台盘活这些资产，提升资金效率，提升其服务能力，形成了若干家典型的融资租赁 P2P 平台。

2013 年年末，票据业务也开始成为 P2P 借贷平台从事企业融资的一种重要方式。相比于直接融资或融资租赁，票据融资拥有更低的风险和更高的操作性。英国的 MarketInvoice 是最早从事此项业务的平台。在我国，“金银猫”开创了票据理财的先河，随后阿里的“招财宝”进入这一市场，最近是拥有银行背景的“开鑫贷”推出了名为“银鑫汇”的票据理财项目。虽然票据业务利率较其他 P2P 借贷低了许多，但因为极低的风险和更高的流动性而销售火爆，经常标的一发布便被抢购一空。

2014 年 5 月，某 P2P 借贷平台与典当行业合作，典当资产也开始进行 P2P 借贷行业。不同类型的资产意味着不同的风险、收益、流动性和现金流结构，不仅盘活了沉淀资产，使传统金融机构提升其发挥专业能力的空间，也为满足投资者的个性理财需求提供了更多选择。

第十九章 维权宝典

A Handbook for P2P Lending

哈办法?
那就还有希望，
咱们想想办法。

“啊!!!”小零一声惨叫，吓得旁边的小壹险些把手机丢出去。

“What？”小壹问。

“我妈，我妈，我妈她……”

“怎么了，别着急，慢慢说。”小壹趁机拍了拍小零的后背。

“她的20万，20万被军谦贷骗走了，啊~~”

“军谦贷是什么，不是谦军贷吗？”

“不是谦军贷，就是个钓鱼平台啊，我妈……”

“咱妈怎么能……”小壹颇有些抓狂。

“唉，别埋怨她了，你说肿么办，肿么办吧。”

“知道平台是谁开的吗？合同什么的有吗？”

“好像有。”

“那就还有希望，咱们想想办法。”

“啥办法？”

小壹从胸前的口袋里摸出一本小册子递给小零。小零接过来一看，上面写着四个四四方方的大字“维权宝典”。

“这个管用吗？”她疑惑地问。

“尽力吧。”小壹说。

小零打开维权宝典，顿时被首页的第一句话气乐了：

“欲练神功，女王入坑。踩雷百遍，真意自现。”

五步治“老赖”

只要借贷合同合法、有效，无论在任何时候，欠债还钱都是天经地义的，如果借款人违约不还钱，投资人完全有正当和充足的理由要求获得相应的权益。用阿胡仔的话来说，就是：“吃哑巴亏的事儿，不是投资人干的！”投资人应果断拿起法律武器，进行正当维权！

第一步：协商解决

P2P 借贷平台上的借款标的出现违约，可以在以下两种情况下尝试通过协商解决：其一，投资人能够联系上借款人，且借款人有协商意愿；其二，借款合同里列有仲裁条款，由仲裁机构出面协调解决双方的纠纷。

协商解决适合愿意还钱但是暂时没钱可还的借款人，双方协商的内容一般是延长还款期限、补充抵押品、部分减免还款额等，如果双方能本着开诚布公、互谅互让的精神在这些事项上达成一致，就会皆大欢喜。需要提醒的是：对于协商约定的事项，双方应以书面合同的形式逐条列明，尤其需要对后续可能的违约行为制定明确的制约措施，最大限度避免进一步的纠纷。

如果借贷双方不能通过协商达成一致，甚至连借款人都联系不上，就必须通过法律途径维权了！需要明确的是，借贷双方的违约纠纷，如果不涉及非法集资、诈骗等犯罪行为，均属民事纠纷的范畴。

第二步：发律师函

通过法律途径解决民事纠纷，P2P 借贷平台的投资者最好先找一个律师，在向法院提起诉讼前先由代理律师向违约方进行追索。向违约方发送律师函是司法诉讼前的有效措施，律师函可以起到以下两方面的作用：

第一，向违约方表明一种态度，律师函是专业的法律文书，以法律尺度和律师的判断，对违约方晓之以法律事实，让违约方了解其行为的“法律评价”和可能的法律后果，对违约方起到正式提醒和警示的作用。有人说，律师函就是一封合法的恐吓信，以让对方卷入法律纠纷相威胁，对违约方进行震慑。实际上，也经常发生不愿意协商解决的借款人在收到律师函后转而进行协商的情况，这一“震慑”方法有时候可能带来惊喜。

第二，在提起诉讼或申请仲裁之前，通过律师发函，可以起到顺延诉讼时效的作用。P2P 借贷的维权过程有时比较漫长，投资人的意见也可能出现分歧，而民事纠纷的诉讼时效一般只有两年，可能一不小心时间就过去了。在诉讼时效期内向违约人发出经过公证的律师函（所谓公证发函），只要律师函没有因为“查无此人”被快递公司退回，就可认为送达给了违约人，此时诉讼时效中断，投资人可以重新获得两年的诉讼时效。

第三步：提起诉讼

如果违约人对律师函无动于衷，拒不答复、协商，投资人可尽快向法院提起诉讼。一般民事纠纷的诉讼过程如图 19-1 所示：

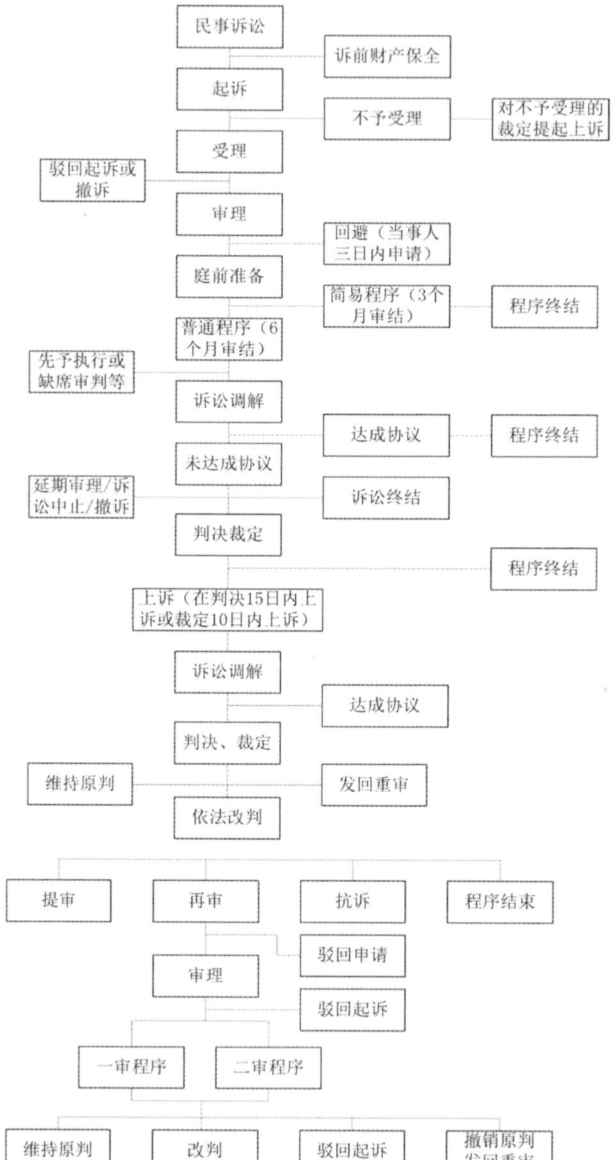
民事诉讼
诉前财产保全
起诉
不予受理
对不予受理的裁定提起上诉
受理
驳回起诉或撤诉
审理
回避（当事人三日内申请）
庭前准备
简易程序（3个月审结）
程序终结
普通程序（6个月审结）
先予执行或缺席审判等
诉讼调解
达成协议
程序终结
未达成协议
延期审理/诉讼中止/撤诉
诉讼终结
判决裁定
程序终结
上诉（在判决15日内上诉或裁定10日内上诉）
诉讼调解
达成协议
判决、裁定
维持原判
发回重审
依法改判
提审
再审
抗诉
程序结束
驳回申请
审理
驳回起诉
一审程序
二审程序
维持原判
改判
驳回起诉
撤销原判发回重审

图 19-1

即便是通过 P2P 借贷平台签订借款合同，只要有真实的资金借出，在司法程序解决纠纷的实践中，投资人基本上都能胜诉。但是，基于平台借款标的类型的不同，法院判决在执行层面会有所差异。

（1）信用标的。

信用标的没有担保和抵押，即使投资人的主张已经获得法院的判决支持，如果借款人属于“老赖”（指故意或频繁赖账不还的人），债务的追索还是比较困难，除非投资人愿意付出更高的追索成本（例如当面催收等）。此时能采用的办法只能是“信用惩戒”了，详见第五步。

（2）担保标的。

在 P2P 借款中担保标的往往是由第三方机构提供的担保，一旦出现违约，借款人向第三方机构追偿，在第三方机构的协调下能够索回权益的可能性会大大增加，即便不能直接获得借款人的偿付，依据担保条款，在 P2P 借贷平台的协助下，第三方机构会对违约借款进行偿付。

（3）抵押标的。

对于这样的标的，如果抵押手续合法有效，且抵押物不存在多重抵押及其他被优先处置的情况，一旦违约，投资人通过司法途径，取得抵押物的处置权是非常可能的。

首先，一旦发现违约，投资人应争取及早起诉，因为依据谁起诉谁得利的原则，较早采取法律手段的追债者会拥有优先赔偿权；其次，对于抵押借款，在起诉之前，可向人民法院申请财产保全，防止借款人对所抵押财产另行处置，出现对借款人不利的情形。

第四步：强制执行

如果在法院判决生效后，借款人拒不执行判决，投资人可申请强制执行。根据我国的民事诉讼法规定："发生法律效力的民事判决、裁定，当事人必须履行。一方拒绝履行的，对方当事人可以向人民法院申请执行，也可以由审判员移送执行员执行。"而"人民法院自收到申请执行书之日起超过六个月未执行的，申请执行人可以向上一级人民法院申请执行。上一级人民法院经审查，可以责令原人民法院在一定期限内执行，也可以决定由本院执行或者指令其他人民法院执行。"

申请执行的时效为两年，从法律文书规定履行期间的最后一日起计算；法律文书规定分期履行的，从规定的每次履行期间的最后一日起计算；法律文书未规定履行期间的，从法律文书生效之日起计算。申请执行需要向法院提交"申请执行书"，读者在网络上搜索"申请执行书"可获得执行书样本，依据范本格式进行填写即可。

法院强制执行的常用方法和手段有以下几种：①扣押、冻结、划拨、变价被执行人的财产；②扣留、提取被执行人应当履行义务部分的收入；③查封、扣押、冻结、拍卖、变卖被执行人应当履行义务部分的财产；④发出搜查令，对被执行人及其住所或者财产隐匿地进行搜查；⑤强制交出指定交付的财物或者票证；⑥强制迁出房屋或者强制退出土地；⑦强制办理有关财产权证照转移手续；⑧采取或者通知有关单位协助限制出境，在征信系统记录、通过媒体公布不履行义务信息。

如果被执行人（欠款人）逃匿或者隐藏、转移财产，导致法院无法强制执行，投资人也可以督促法院进行悬赏执行。对于不支持悬赏执行的法院，投资人也可以通过商业悬赏平台（如蒲公英协作网）寻求帮助。

第五步：信用惩戒

如果以上招数用尽，还是没能收回欠款，投资人只能对“老赖”进行信用惩戒了，可依据最高人民法院《关于公布失信被执行人名单信息的若干规定》办法，将此类“老赖”信息上传到最高人民法院网站的“全国法院失信被执行人名单信息公布与查询”栏目，链接地址为：http://shixin.court.gov.cn/ 。

信用惩戒将使违约方的违约成本进一步加大。首先，违约方信用受到影响，再进行借贷会非常困难；其次，违约方基本生活将受到无处不在的影响，例如高额消费被限、信用卡申请受阻、禁止购买机票等。一个典型的例子是某著名 IT 公司的周某被著名搜索引擎公司诉讼侵权，法院判决周某进行道歉，可周某拒绝执行。在其失信行为被上传到全国法院失信被执行人名单后，这一判决很快得到了执行，周某进行了微博道歉。

值得一提的是，投资人对违约借款人的追索离不开 P2P 平台的协助，在这一过程中，平台有配合投资人追索、为投资人追索提供便利的责任。更进一步，如果投资过程中平台出现过失或虚假宣传等误导性行为，投资人可将平台方列为共同被告，或单独向平台索赔。

平台跑路怎么办？

警惕“挤兑”事件

除了那些一上来就抱着诈骗目的，骗到一些钱就立马卷钱走人的平台，大部分问题平台在问题爆发前都会流露出一些迹象，其中最值得警惕的就是提现困难，进而引起挤兑。

投资人在遇到提现困难时，一定要通过各种手段（例如询问平台，向平台的技术、业务合作方进行核实，询问投资老手等）确定出现这一现象的原因。如果经过分析后，答案指向平台信用受损、资金链紧张，那就需要做好平台倒闭或者跑路的准备，重点进行防范性取证工作，比如对相关合同进行公证，保存平台网站网页内容，向第三方数据监测机构通报等。当然，只要有一丝可能，投资人应首先把账户中的资金提现并争取提前收回借款。

迅速报案

平台一旦跑路或倒闭，基本上都会涉及刑事案件。投资人应在第一时间寻求公安机关介入，依据刑法对公安机关管辖权的规定，投资人可以选择到距离自己最近的公安机关报案，而未必非要去平台所在地报案。在实际的操作过程中，如果平台出现问题，投资金额较大的投资人可选择到平台所在地公安机关报案，以便当地公安机关快速进行处理；投资金额较小的投资人可选择在本人所在地报案，以便加快报案速度。

公安部门一旦将平台倒闭或跑路事件进行刑事立案，投资人就有望以较少的精力和财力投入，争取最大的权益追索，因为在刑事诉讼的过程中，会有刑事附带民事的部分，因而一般不需要投资人单独进行民事诉讼。

投资人也可以进行单独的民事诉讼，只是这样做的“性价比”不高，成本较高，追索困难，不能保证一定能够获得自己的权益部分。因为对于涉及民事和刑事的双重诉讼，在司法实践中，按照刑事优先的原则，往往以刑事诉讼为主。

刑事立案之后，公安部门负责全部的侦查和取证工作，最后由检

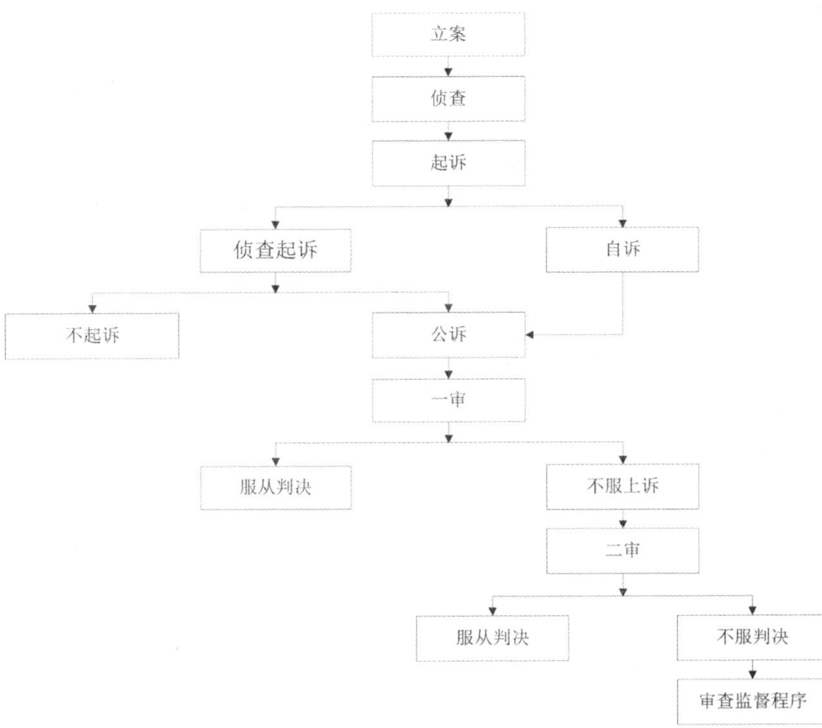

图　19-2

方对平台方相关当事人进行公诉（详细的刑事诉讼流程参见图 19–2）。即便如此，投资人依然能够通过积极配合争取自己的利益。可以协助公安机关对平台进行调查和取证，也可以通过谅解方式最大化自身的补偿权益。

协助取证

证据是公安机关办案、检察机关公诉所需要的核心资料，投资人提供的有用证据越多，越有利于公安机关破案，也越有利于保护自己的权益。

如果有平台发送来的纸质文本，投资人可将资金出借凭证、合同协议等搜集、整理、保管好，必要的情况下可到公证处进行公证。在公安机关需要时尽快提交或登记。

如果没有纸质文本，电子合同的法律效力同样受法律认可，投资人在注册、投资之处就可以把平台的注册协议、服务协议、电子合同等下载下来，保存在 U 盘或网盘里，避免因计算机故障而无法获取。如果早期没有保存，在平台出现倒闭迹象时应迅速做这些工作，并可进行公证。

对于 P2P 借贷平台网站不便下载的信息，可以采取保存网页、截屏、打印等方式记录和保存。如果平台已经关闭，很多搜索引擎提供“网页快照”功能，可使用此功能保存尽量多的网站信息，也有一些存档网站按照一定的时间间隔保存某些网站的截图，读者可搜索“历史截屏网站”查询相关的信息。

除了文档性证据，投资人还可以向公安机关提供一切有关平台的信息，例如平台的股东、关联人、关联公司等。尤其是平台的实际控制人、法人和股东经常串通在一起欺骗投资人，因此可以作为共同被告人。公安、检察机关对平台了解得越详细，越有利于案件的侦破和判决。

小知识：电子文档的保存办法

1. 以 IE 11 为例，点击 IE 11 右上角的按钮，会弹出菜单，在菜单里有“打印 (P) | 打印 (P)…”和“文件 (F) | 另存为 (A)…”两个命令，分别点击这两个命令即可进行网页的打印和保存。
2. 如果想更稳妥一些，对网页进行截图，最简单的办法就是按键盘上的“Print Screen”键，按下该键后，当前屏幕的截图就被保存在剪贴板中。打开一个“画图”程序，同时按下“Ctrl+V”或者点击“粘贴”菜单，截图被复制到画图中，保存文件即可。
3. 如果键盘上没有“Print Screen”键，QQ 也可以当作简单的截屏工具，登录 QQ 后，随便打开一个好友的对话窗口，同时摁下“Ctrl+Alt+A”键，出现截屏窗口，拖动鼠标选择要截屏的区域，点击“完成”，截屏画面会被自动复制到 QQ 输入框中。在输入框中的截图上点右键，选择“另存为 (A)…”，即可保存图片。
4. 无论是截屏还是保存的文件，千万不要进行任何修改，否则其内容的真实性会大打折扣，甚至会牵涉到“伪造证据”的问题，投资人切记！

多招并举，合法维权

在积极举证并配合公安机关调查之外，投资人还可以在争取权益上采取以下措施：

向当地人民法院申请，对倒闭或跑路的平台进行相关资产的冻结，避免案件侦查过程中发生意料不到的情况，平台资产被藏匿或转移；

如果倒闭或跑路的平台当事人家属愿意对投资人进行补偿，获得投资人谅解，争取司法机关对平台方当事人的宽大处理，那么投资人可以考虑这样的协议，可能会更早地追回损失；

合理地对案件进度进行监督，经常与公安部门沟通，积极采取措施向政府部门反映情况，推进案件的侦破和起诉过程。

积极维权的同时，投资人一定要注意合法维权，不要采用过激、非法手段，千万不要维权不成，自身反而陷入束缚，只会更加得不偿失。

东方创投案例

2014 年 7 月 15 日，我国 P2P 借贷行业问题平台迎来了首例判决，深圳市罗湖区人民法院对“东方创投”一案作出一审判决并下达了刑事判决书，被告东方创投负责人邓亮因非法吸收公众存款罪，被判处有期徒刑三年，并处罚金人民币 30 万元，运营总监李泽明判处有期徒刑两年，缓刑三年，并处罚金人民币 5 万元。

东方创投案曾经轰动一时，这是 2013 年下半年 P2P 借贷行业倒闭潮中一个典型的“自融”平台跑路案例。我们先来回顾一下该平台从开始经营到最后判决的整个过程。

平台成立

东方创投的运营方为深圳市誉东方投资管理有限公司，该公司于2013年4月由邓亮出资成立，邓亮持有全部股权且为企业法人、负责人。5月，邓亮找到李泽明想要从事P2P网贷经营，随后李泽明在网上用几十万元购买了一个P2P借贷网站模板，取名“东方创投”于6月19日上线运营，李泽明为运营总监，公司平台运营由其全权负责管理。

东方创投以打破利率记录的姿态进入市场，给出的利率是一个月月息3.1%；两个月月息3.5%；三个月月息4%。超高利率让东方创投迅速吸收了一波资金，在从其成立到11月2号邓亮自首三个多月的时间里，东方创投共吸引了2900多人注册，实际投资人数为1330人，吸收投资额超过1.2亿元。

问题初现

因为经营不善，邓亮的资金链出现了问题，平台运作至9月中旬开始出现投资人提现不及时的情况。9月27日，一名昵称为dfctpianzi的网友在某论坛发帖揭露邓亮的小额贷款及信用记录，并附一系列图片佐证，直接指出其为骗子。28日，邓亮本人在该帖下进行了回应，对帖中的质疑一一解释，并附了一系列豪车物业产权证明自己的实力。然而网友并不买账，一名昵称为bigocean的网友发帖《解密东方创投》，并一连写了三篇，分别对邓亮及其“脏托”的谎言进行了反驳和击破。

随着问题的发酵和提现的密集发生，10 月 15 日，东方创投官网发布了一则《提现规则实行公告》，承诺每天拿出不低于 10 万元用于提现，每人每天限额 5000 元。而当时提现缺口至少为 2000 万，这基本宣告了东方创投资金链断裂。平台进入了由投资人维权阶段。

交战“脏托”

东方创投提现问题刚刚发生时，就已经有投资人电话投诉甚至上门讨债，但问题尚不严重，真正引发投资者不安与维权是在调整提现规则之后。10 月 16 日，一个昵称 Lasalo 的人发帖《东方维权面对面》，声称亲赴深圳，替投资人维权，首先挑起了维权代表的旗帜。但浏览其发帖内容，表面是维权实际对邓亮却是百般维护，bigocean 在其第三篇《解密东方创投》中对其言论逐一进行了反击，确定其为邓亮的“脏托”。Lasalo 随后又写了几篇维权帖，已失人气，草草收场。

随后赶到深圳的维权代表是“金钱豹豹”，10 月 21 日，金钱豹豹在论坛开帖《豹子在东方创投维权》，记录并讲述其每日进展。他成立了东方创投维权组织，号召投资人集体维权，并在深圳多次与邓亮协商解决还款事宜，但像许多维权者一样遇到诸多敷衍搪塞。邓亮一直对其表示正在与新的资方谈判，重组公司，新的资方将收购东方创投 80% 的股权。金钱豹豹了解到该资方是邓亮的一个主要债主，打算盘活东方创投，等事态好转后变卖邓亮自融购置的物业偿还投资，具体操作一直在商讨制定之中。

然而新的资方入驻事宜尚未商讨出结果，邓亮于 11 月 1 日失联。翌日金钱豹豹前往深圳公安罗湖分局确认，邓亮已经投案自首，东方创投正式宣告倒台，而投资者的维权之路也正式开启。

维权之路

邓亮投案自首后，因为涉及金额巨大，受害者遍布全国，司法机关十分重视。随后进行的就是立案及调查取证工作，金钱豹豹与经侦大队联系后，公布了投资者提交材料的需求及注意事项。随后不久金钱豹豹离开深圳，维权代表换成了深圳本地投资者“龙哥”。

龙哥于 11 月 8 日开帖《东方创投维权篇》，逐步接手金钱豹豹的工作，牵头负责投资人维权活动。通过与律师沟通，确定起诉并不是维权的最好途径，维权工作将分为两部分：第一，向经侦部门提交资料，争取将邓亮定罪为集资诈骗；第二，组织投资者信访、带动媒体造势。

在接下来的一段时间中，龙哥协助投资者提交材料，组织投资者到深圳当地信访办、地王大厦等地进行维权活动，并且联系“第一现场”、“南都”等媒体进行报道。除此之外，还对邓亮资产的查封情况进行了跟踪。

据龙哥跟踪了解，在邓亮自首后，在深圳公安进行查封前，其资产就已经被外地法院查封。因为查封具有优先权，谁查封在前，谁的权益就会优先保障。因此怀疑邓亮与他人合谋，假意欠款，故意查封自己名下资产。

12 月 4 日，邓亮正式被批捕，该月下旬以非法吸收公众存款罪立案。如此立案基本上是该类案件中最轻的处罚形式，龙哥再次组织投资者信访，目的有二：一是将邓亮定罪为集资诈骗，二是要求经侦部门就没有第一时间查封邓亮资产一事给出解释。此次信访，经侦部门给出回应：2014 年 2 月 4 日之前会再次将资料递交检察院，届时投资者可要求检方以集资诈骗罪起诉。关于资产查封一事，其最终给出解释为，刑事案件优先于民事案件，不论之前有多少查封，都可以不予理会。

在投资者对检察院表达诉求之后，2014 年 3 月 14 日，案件被退回至经侦处进行补充侦查。3 月 31 日，罗湖经侦处补充侦查完毕上报检察院。检察院在 4 月中旬将案件上交至法院，起诉罪名仍旧为非法吸收公众存款。5 月中旬法院要求经侦部门进一步补充投资人报案材料。5 月 29 日下午三点，东方创投案在罗湖法院第七审判庭正式开庭审理。

尘埃落定

根据庭审供述，邓亮自融资金主要用于两个方面：一是扩大其企业规模，二是购置物业。其在美国成立了一家名为 ALC 的合资公司，同时在深圳成立了兆融财富、中环宇基金管理公司，花费约 600 万元。2013 年年初在布吉中心花园购买了四个街头铺面，总共花费 3800 万元，其中 2500 万元为自融资金。同年 9 月，又将此 4 个铺面作抵押再担保公司贷款 3000 万元，其中 2200 万元用于支付“世纪汇”商业写字楼 18 层整层的首期款，剩余 800 万元用于日常返还客户提现。

在庭审中，邓亮主动提出用现有名下所有资产变卖偿还投资人款项。运营总监李泽明在提审阶段词不达意，当庭翻供，被法院宣布没有自首情节。

2014 年 7 月 15 日，东方创投案刑事判决书下达。判决书显示，该案非法吸收公众存款的金额为人民币 126736562. 39 元，截至 2013 年 10 月 31 日，投资人已提现金额为人民币 74719587. 96 元，该提现金额折抵本金后，投资参与人实际未归还本金为人民币 52503199. 73 元。而冻结在案的资金为中国银行深圳和记黄埔中航地产有限公司名下账户内资金人民币 2200 万元、中信银行李泽明名下账户内的资金 3181933. 58 元及其孳息均系非法所得。只能覆盖不足一半的未归还本金。

总结

历时九个月，东方创投案告一段落。在最后的方案中，法院将冻结资产按比例偿还投资者。邓亮名下还有其他资产，均为经营平台前所得，虽然其表示愿意变卖偿还，但法院对此没有强制执行能力。因此，投资者最后并不一定会得到全额的赔偿。

再回顾事件发展及维权的整个过程，会发现有许多值得我们投资人注意和改进的地方：

第一，小心“脏托”。在问题刚刚发酵的时刻，邓亮依靠脏托对平台进行护盘维稳。发生这种情况的时候，平台经营者的用心往往已经不再是继续经营平台，而是为各种“后续动作”争取时间。据东方创投运营总监李泽明透露，邓亮在自首前一周基本在做资产转移的勾当。自首后其名下资产率先被外地法院查封很可能与此有关。如果投资人此时不抓紧维权，很可能错失获得赔偿的可能。

第二，积极参与维权。在东方创投案龙哥组织维权的过程中，维权团体始终在 20 人左右，而东方创投在全国投资人达 1300 多人，深圳本地也有 100 人以上，可见多数投资人还是隔岸观火，真正参与维权的人很少。虽说刑事案件私人参与的空间不大，但官方处理仍有诸多程序要走，中间环节存在很多想象空间，如果投资人不及时跟进，很可能生出变数，一些类似案件最后的赔偿就因时间拖得太久而不了了之。

第三，抓住定罪节点。在东方创投案中，邓亮最终被判处非法吸收公众存款罪，许多投资人认为邓亮的行为完全可以定性为集资诈骗罪，两者在性质和量刑上是完全不同的，所以以什么罪名起诉十分重要，这将关系到受害投资者的最终利益。在此案中，投资人有两个机会更改其起诉罪名：一是 12 月 4 日批捕邓亮 7 天之内，二是经侦部门上交检察院之后。虽然投资人把握住了一个机会，促成检察机关将案件发回重调，但仍未能改变结果。

第四，同心协力，快速反应。东方创投案在 11 月 2 日邓亮自首前似乎存在一线转机：新的资方收购重组东方创投，接管盘活邓亮资产。据深圳维权代表了解到的情况是，当时邓亮购置的物业已经由 1.2 亿增值至 1.4 亿，如果新的资方凑齐尾款，那增值部分用来还投资人是没问题的。但是邓亮提前自首，使得方案最终泡汤。此事最终未能确定真伪，投资人如能在此之前快速行动，迅速查清此事，有可能依靠群体的力量和智慧挽回更多损失。

A Handbook for P2P Lending

第二十章 行业秘闻

还好吧，不也挺有趣?
是啊，以前光看别人维权了，
没想到自己维起来是这么难。

“咱妈的事情怎么样了？”小壹问。

“好像还不错，法院把平台的资产冻结了，等宣判吧。”

“嗯，窟窿不算大，大家行动快，不幸中的万幸。”

“是啊。”小零依偎在小壹的肩膀上，“这段时间辛苦你了。”

“一切为了咱妈！”

“是啊，以前光看别人维权了，没想到自己维起来是这么难。”

“还好吧，不也挺有趣？”

“嗯，投资和风险真是孪生兄弟呀，怎么会这样呢？”

“一向这样，有人的地方就有江湖，有钱的地方就有腥风血雨。”

“说得这么恐怖，好像你经历过多少似的。”

“经历的不多，听说的不少。”

“那就说说看。”小零直起身，好奇地看着小壹。

“好，今天就给你讲讲 P2P 借贷江湖的腥风血雨。”

“这些都是什么时候的事？”小零问。

“都在咱们私订终身之前吧。”小壹淡笑。

“谁给你私订终身了，臭美！”小零弹了小壹一个大脑崩。

组团

对于商品的集体购买，我们称为团购，多个 P2P 借贷投资人联手行动、集体购买债权，则被称为组团。团购和组团都是因为“人多好议价”，团购压低了商品的单价，组团提高了“团员”的回报率。“团购”在消费领域早已深入人心，而 P2P 领域的组团却充满争议。

组团有三类角色：P2P 借贷平台（资金募集方）、组织者（团长，资金掮客）、团员（资金供给方），每个角色不同，考虑的问题不同，大家因为共同的利益走到一起，但也经常因为立场冲突，爆发出新问题。

组团的一般过程为：相熟的几个投资人约定好要投资的平台和各自的投资金额，推选出组织者——团长。组团所选平台一般为新开张、资金需求比较迫切的平台。团长对平台进行考察，并与平台负责人进行沟通，商议优惠价格。如果团员都认可平台资质和回报率，团长就把团员的资金汇总起来打给平台，持续对新标的进行投资。团长一般会从大家的回报中抽取一定比例（俗称抽水）作为介绍、组织资金的报酬。

在组团过程中，掮客对合作平台的风险评估是否可靠，组团过程信息披露是否充分，拿的报酬是否合理，团长对此担负重大责任；债权是否真实、还款是否及时、风控能否落实是平台要考虑的问题；但回报有多高、期限有多长、安全系数有多大，才是团员最关心的事。

组团曾有过美好的愿景，“让专业的人做专业的事情”，释放理财人闲置的资金，满足平台日益增长的资金需求。投资人无需考虑风控、收益这些琐碎的事情，团长负责 P2P 借贷平台的筛选与资金配给，并从中获得一定的报酬。如果这个过程专业、阳光、可靠，P2P 借贷版的“私募基金”或许能融合出新的创业机会。

可惜愿景美好，现实残酷。组团为了获得超高回报，经常涉足

"打新"、"内幕交易"等事件，追求资金快进快出。所选择平台的风险普遍较高（这样才有高回报），团长很难有效识别。即使组团当期没有问题，组团资金一旦撤出，某些平台一时无法填补空白，资金立即紧张，甚至引发经营危机，给组团形象留下阴影。

因此，从 2012 年下半年开始，随着跑路平台和组团负面消息的增加，对组团的质疑越来越多，组团逐渐淡出了 P2P 借贷舞台。

大户

大户即大额投资人。多少资金算大？ 2012 年，当我们还在盘算 P2P 借贷是否靠谱的时候，他们就投入 100 万以上的真金白银。他们或在 QQ 群、或在论坛中、或在某次线下见面会露面，一般投资人很难捕捉他们的身影，但江湖上从来不乏他们的传说：他们习惯刷新那些"不可思议"的纪录，动辄上百万的秒标，单笔 1000 万的投资金额，都是他们的标签。

例如老张夫妇，年近半百，无固定职业，却依旧精神抖擞，专职做投资，他们也算是圈里有名的夫妻档。这种自由投资者在浙江商圈里不少，但像老张这个年纪还大额玩 P2P 的，绝对不多。

老张以前开办企业，做得有模有样，积累了投资的资本。这几年做投资，老张说，自己是越做越怕，现在很多年轻人都不理解他为什么对风险如此敏感。一般人会想，既然对风险敏感，那把钱存银行、买国债岂不是轻松自在，但老张这点恰恰和常人迥异，他不大相信媒体宣传的风险的问题，更喜欢自己去尝试、体验。了解 P2P 借贷之后，老张觉得可以试一试。

老张曾在股市上亏掉几百万，这些教训让他在挑选 P2P 借贷平台的时候慎之又慎。为了找到靠谱的平台，他开车跑了十几家平台，为的就是一件事情：跟平台的老板吃吃饭、聊聊天。他觉得通过吃饭、聊天这些近距离的接触，就能把一个人看出两三分。如果当面交流后对平台老板的印象不错，老张还会专门跑到平台老板的家里去拜访，他认为："在外面吃吃饭、聊聊天你只能看到外面，这个是能掩饰的，但家这个地方记录了他日常的生活，想掩饰比较难。"

后来老张终于确定了一家平台，这个平台老板刚刚成家，还喜添新丁。老张觉得：第一，家庭稳定可以加分；第二，关于这个平台的看法，他绕着弯在圈里问了十几个有头有脸的人物，大家意见比较中肯；第三，他了解这个平台老板以前的创业经历，和他交流聊天中觉得有点分量……

在一连串的考核之后，老张终于决定要开始投钱了，但他只投了 5 万，然后才开始慢慢增加资金，在加到一定程度的时候，他开始希望和平台负责人以个人的名义做些线下的反担保，切实增加平台的风险抵抗能力。

大户是 P2P 借贷行业的一个重要组成，如何与大户打交道体现出管理者的智慧，资历较浅的 P2P 借贷平台负责人往往只能妥协让步，甚至会被大户主导平台的发展。这种微妙的关系，让大户与大户之间，大户与平台之间形成了一个圈子，这个圈子可以互通有无，信息快速到达，也可以将人脉资源迅速变现。

大户一般比较谨慎，但做久了，冒进的案例还是时有发生，单笔亏损上百万甚至上千万的例子也不在少数。不过大户之所以称为大户，就是这些损失也并未真正影响到他们的生活。随着 P2P 借贷投资人数的增加，越来越多的“有钱人”涌进这一领域，一般的大户已经不易引起关注，但对于那些早期就敢于投入大笔资金的“大户”，P2P 借贷的江湖注定会继续流传他们的传说。

爆仓

人总是在缺钱的时候才会想到借钱，而当钱特别好借的时候，即使不那么缺钱，也会产生把钱拿在自己手里的欲望，手里的钱一多，往往就有了更多其他的欲望，进而需要更多的钱。

超出个人偿还能力的借款，其风险不言而喻。在 P2P 借贷行业里，最多的当属重复借贷，这可以是一个人在多家 P2P 借贷平台进行借款，也可以是借款者拖家带口一起借款。金融行业普遍存在的问题，大至银行小到朋友借钱都会被这个问题困扰，只是 P2P 借贷行业里的故事更具喜剧性一些。

云南“蒋神仙”、大理“段公子”、深圳“刘赌王”……P2P 借贷行业曾经的“传说”，老人们已经开始淡忘，新人们鲜少听说。翻开行业走过的历程，每个爆仓的借款人无不伴随着一桩桩浮夸、离奇的故事。很多时候，这些故事直指人性，充满矛盾与纠结。

黄总在外人眼里应该算是一个富家公子，老爹在新疆开石厂，自己在事业单位安逸度日，还有一个漂亮的老婆，生活算是无忧无虑。他进入 P2P 借贷行业的第一个角色，是投资人，而且是大户投资人。

小黄的圈子也基本是非富即贵，和一些平台的老总相交甚好，这一年还没有黄总摆不平的事。

后来，大家发现黄总突然不知道什么原因缺钱了，这个时候他有了第二个身份——“借款人”。又过了一段时间，大家发现他更缺钱了，他又有了第三个身份“跨站借款人”——在多个平台反复借款。他的名号在圈子里耳熟能详，大家记住了他的名字，相信这个名字代表的就是“土豪”、“上层阶级”，投标的时都会想起他和国内某乳业大佬的合影，这就是实力的象征。

黄总在 E、Y、H、S 四家平台都有借款，每家平台给出的借款额度都在 100 万左右，还有部分担保标额度，加起来超过 500 万。这 500 万的借款被拆分成很多个小的金额和分散的期限，黄总每天都需要在各个平台之间辗转腾挪，有人戏称“他每天应该什么事情都干不了了，就是不停地发借款标和还款了吧”。

黄总发的借款标，给投资人的收益大概在每个月 2% 左右，后来升高到 2.5%，再后来达到 3% 了。H 平台最先开始警惕，将黄的额度从 100 万慢慢调整到了 50 万，黄总只能去其他几家平台借款还 H 平台。一轮压力测试之后，大家都开始怀疑黄总还能持续多久，但借钱给他的人、给他做担保的人还是络绎不绝，很少有人思考“他借钱干啥去了”。

有一天，一位投资人打赌说“他绝对挺不过年底”，随着这声预告，P2P 借贷行业第一人，在十月的秋天，收获的季节爆仓了，逐渐停止部分平台的还款，到最后停止了所有的还款，黄总成为几家平台的逾期借款人，被集体催债。

黄总的故事还在圈内流传，但已经鲜有最新的消息，剩下的就是一些或真或假的传闻，还有一些平台逾期列表中他那帅气的笑容。黄总的经历真实演绎了 P2P 借贷行业的“爆仓”概念：在多个 P2P 借贷平台循环借款，试图通过借新还旧的方式维持资金的平衡，但最后流动资金消耗殆尽，以至于资金链断裂，成为多个平台的欠款人。

包装

P2P 借贷行业的“包装”现象很多，包装得好，包在点子上的，投资人称之为“运营”，而那些包装在歪门邪道上的，往往就把自己包进了局子。

包装一：我为平台“带盐”

小灰原来是国内某家 P2P 借贷平台的客服，服务在投资人的第一线，久而久之，哪个客户钱多，哪个客户钱少，心里自然有数。小灰每个月只有 5 千不到的工资，而那些和自己年龄差不多的客户却能拿 50 万来投 P2P 借贷，这种巨大的落差时刻在煎熬着他。随着这家 P2P 借贷平台逐渐发展壮大，小灰手里的客户资源也越来越多，不甘当客服的小灰也就萌生了创业的想法，他决定发挥他最大的资源——那些熟悉的大户投资人。

老 Z 是小灰服务平台的借款人，发现在别人平台上借款总是限制太多，所以就萌生了自己开平台的想法，了解到小灰有经验，就找到他，希望他来做运营，开出了 280 万的天价咨询费。

“成功”来得有些突然，小灰高高兴兴走上马上任 P2P 借贷平台“天下”的首席运营官。依托小灰的行业资源拉客户、老 Z 背后的实体企业做背书以及高息吸引，“天下”平台风生水起，很快就召开了投资人见面会，更加深了公众对他的信任，前两个月的交易额迅速突破了 3 个亿，高达 50% 的年化收益率也创造了当时行业的传奇。

老 Z 对小灰的表现十分满意，把 280 万的顾问费打给了小灰，但小灰对攀升的交易额感到更多的是不安，于是辞职离开了“天下”平台。

第四个月，“天下”平台创造了近 8 个亿的交易额后突然出现了兑付危机，老 Z 及他的企业更多的负面信息被挖出，资金链断裂，全国数千投资人都加入到了维权的队伍当中，上亿的资金惊动了全国的媒体，也惊动了当地政府部门，“天下”平台作为重点案件列入督办行列。

部分的投资人将矛头指向了小灰，小灰不堪指责骚扰，聘请了律师向所有人发了一份律师函，意在希望别人停止对他的指责和言语攻击。但事与愿违，一个多月后，细心的投资人贴出了小灰家乡警方的通报，“小灰已被公安机关在当地抓获”。那篇留在网上的律师函依旧好像在宣告着什么，只是更多的人看到了讽刺。

运营一个平台，拿到钱后再转手一个，他们从中渔利，把当前运营的平台吹嘘得神乎其神，却全然不顾投资人的利益，也在拿自己的自由做着赌注。小灰是一个 89 年的小伙子，他也未曾想青春有如此一笔，只是钱的生意不像卖拉面，没做好，还能再做一碗。

包装二：请叫我“借款顾问”

2012年的时候，小王了解到新兴的网络借贷业务，为了体验流程，他在广东某家P2P借贷公司借到了5000元，十分开心。后来经过几次借款，仔细琢磨之后，小王拉了两个小伙伴，告诉他们，他找到发财的门道了。

小王家在四川，身边有一些想借钱的朋友和老板，但广东的平台在这里开展业务成本有点高，所以小王向平台申请可以做个区域代理，公司总部根据区域代理推广效果、开发业务量进行奖励。

在总部接受半个月的培训之后，小王和其他两个小伙伴开始了区域代理的试验之路，头一个月的业务量就十分可观。但3个月后，广东的这家平台发现，小王介绍过来的借款客户陆陆续续都出现了延迟还款的现象，催收组在事后调查发现，很多借款人递交到总部的资料和实际情况相差巨大，有些甚至存在伪造的嫌疑。平台总部马上停止了和小王的区域代理合作，抓紧对这个地区借款人的催款工作。

刚开始零星的延迟还款，最后还慢慢发展成所有借款人的集体逾期，区域性坏账困扰这家平台将近半年。平台一开始希望走法律途径，但发现这部分债权最初的法律手续就不完备，借款人的尽职调查也不彻底。有些借款人在当地甚至已经是老赖，名列在法院执行难名单之中。而当地的市场环境远比总部预计的复杂，借款人甚至串通在一起，集体抵制还债。平台也想了一些其他办法加大催收力度，但强龙不压地头蛇，最后以几个工作人员被打伤收尾。这个地区最终逾期欠款500万，成为平台的沉重历史负担。

“顾问”的价值在于帮助借款用户熟悉流程、整理材料，本来对于借款人和平台双方都是好事。但虚构客户资料，用误导性的材料"包装"客户，造成"合格"的假象；甚至在指导之外，利用职务之便、内部消息或者审查漏洞帮助借款者获得贷款，无疑会给投资人和平台带来巨大的风险。

在 P2P 借贷领域，这些做"包装"的"行家"一般是小贷公司或 P2P 借贷平台在职或离职的员工，其"专业性"毋庸置疑。但如果为了业绩或自身贪欲，突破诚实、守信这道坎，贪图不义之财，最终结果只能是害人害己。

自融

借用电子商务的术语来说，P2P 借贷是一个 C2C 的业务，一部分个人把资金拿出来借给另外一批个人。但是一些平台觊觎投资人"轻易"抛出的资金，生生把 C2C 模式"掰直"成了 C2B 模式，即平台的实际控制人或关联人在平台上借款，把大量投资人的钱聚拢起来，用于自己的其他生意。第十六章介绍的"铜都贷"案例就是典型的自融行为。

一般借款人在平台上借款会受到诸多审核，例如信用情况如何，有没有其他借款，是不是可能违约，等等。但自融避开了这些条条框框，为"自家人"打开了绿色通道，要借多少钱自己说了算，借钱去干啥谁都不知道。

这样一来，借款人资金的安全性只能靠想象得知了。自融就像一匹脱缰的野马，本质是管理不规范，甚至很多带有诈骗企图。2013 年的问题平台，80% 都存在“自融”基因；2014 年年初被公安机关主动调查的 P2P 借贷公司，也大部分有自融嫌疑。

自融，使得平台既充当运动员，又充当裁判员，根本不顾及其他运动员（借款人）和观众（投资人）的利益与感受，是带着枷镣的裸泳，自然没有出路。但许多平台以 P2P 借贷之名行自融之实，所产生的恶劣结果极大地损害了 P2P 借贷的形象，实在令人不齿。

A Handbook for P2P Lending

第二十一章 夜观天象

你不就是我的井吗？
还观天象呢，
小心跟那个泰勒尔一样，
光顾着看星星了，
一不小心掉进井里。

听完小壹讲的故事，小零沉默下来。小壹也一声不响，看着窗外。

“看啥呢？”小零回过神来问，“仰望星空？”

“嘘，别动，我在夜观天象。”

“还观天象呢，小心跟那个泰勒尔一样，光顾着看星星了，一不小心掉进井里。”

“你不就是我的井吗？”

“哎嘛，真酸，在井里看见啥了？”

“看见了 P2P 借贷的未来。”

“扯吧，你还真把自己当专家了。”

“不许骂人！”

“嘻嘻，那你说究竟看见啥了？”

“不告诉你。”小壹迅速关上窗户，拉起窗帘。星光依然灿烂，从窗帘的缝隙投入隐约闪烁的光芒。

“太晚了，‘碎’觉！”

2013 年被称为互联网金融元年，也是互联网金融爆发增长的一年。2014 年，在其他互联网金融产品暂时归于平淡的时候，P2P 借贷依然是其中一颗耀眼的明星。经过近几年爆发式的增长，我国 P2P 借贷交易额已接近 2000 亿人民币。而作为民间借贷“阳光化”的典型，面对 4 万亿的民间借贷规模，P2P 借贷没有理由不继续增长下去。

同时，随着市场需求的打开以及监管脚步的逼近，我国 P2P 借贷的发展路径将会是一条从野蛮生长到规范发展的道路，其中一些趋势已经逐渐显现。

利率下降

P2P 借贷最初的火爆无疑是从其高收益率开始的，动辄 30% 甚至 50% 的年化收益率吸引着一批又一批的投资者铤而走险。然而几家欢喜几家愁，高收益之下，有人赚得盆丰钵满，也有人赔得倾家荡产，收益永远是与风险成正比的。

造成 P2P 高收益率的因素有很多，主要原因还在于市场混乱，信息不对称。P2P 借贷平台为跨地域的借款者和投资者接触提供了可能，但却不能有效识别借款者的风险，而当时平台的风险控制能力也往往并不给力，风险高的借款者肆意提高利率，而风险低的借款者不得不跟随，以此造成了市场混乱，风险低的借款者不断退出市场而到平台上来的借款者风险越来越高。

经过野蛮发展，随着 P2P 借贷行业的风险控制能力增强，利率下降也成为趋势。目前我国 P2P 借贷利率已经回归到一个接近合理的水平，并且随着管理的精细化以及资金供给的充沛，同时借助互联网大数据等手段完善风险控制，市场将进一步向合理化迈进，利率也将进一步降低。

另外在此处不得不提的一点是，由于处于竞争洗牌期，行业整体的风险收益没有完全匹配，部分大型平台在保证了较低风险的同时，还提供了远高于该风险水平的收益率，这也可能是投资者投资 P2P 借贷的最后一波红利。

机构投资者入场

天下熙熙皆为利来，天下攘攘皆为利往。只要有利益存在的地方就会有机构眷顾，P2P 借贷的出现是一块悬崖上的蛋糕，但总会有办法以更低的风险吃到它。在 2013 年之前，P2P 借贷行业就出现过投资人“组团”投资的现象，利用其资金优势以小风险博取高收益。

这诚然是一种不健康的现象，但也预示着机构投资者的出现。相比于个人投资者，机构投资者掌握着大量的资金，在信息获取方面也优于普通投资者，同时因为专业管理，不仅可以快速地遴选和抢夺借款标，甚至可以在不同平台间进行资金配置。

因为法规限制，我国还不存在专门的 P2P 借贷投资基金，一些所谓的“机构”投资人还是以“组团”的形式在地下进行。但这在国外已经成为趋势，在美国机构投资人甚至超过普通投资者，海外最大 P2P 借贷平台 Lending Club 也因机构投资者的加入导致不公平竞争而发表道歉声明，并开始研究平衡机制。

在投资 / 理财机构开始关注 P2P 借贷，并以各种方式绕开法律限制，大举进入 P2P 借贷投资之后，普通散户投资人的机会将大大减少。

“宝”类业务渐成主流

我国虽然暂时还看不见 P2P 借贷投资基金，但各平台也在推出一些特殊的产品，提供类似的用户体验。在“余额宝”大火之后，P2P 借贷行业也开始出现以“宝”字冠名的产品。这类产品其实与“余额宝”

关系不大，本质就是自动投资工具，投资人充值并设定投资金额后，平台自动替投资人选择标的，而不用投资人再天天盯着平台抢标。

早在余额宝之前就已经有类似产品出现，如人人贷的优选理财计划。它将参与计划的投资者资金自动投至其平台的借款标中，直至计划结束获得本金和收益。还有些产品可以把收益用于自动循环投标，借款人只要设定金额和期限，就可以坐等回报。这类产品收益一般比其他散标稍低，起投金额也更高，但其“傻瓜理财”的属性确实深得人心，市场增长很快。

某些平台已经只提供“宝”类投资方式了，用户投资 P2P 借贷就像存钱一样，到期自动返还本金和利息。一些平台还提供散标，但是“宝”类产品也是标配。“宝”类产品虽然操作方便，极大地节省了投资人的时间和精力，但是对培养投资人的风险鉴别能力和增强投资人的风险自负意识不利，投资人应谨慎对待。

资产多样化

P2P 借贷成为更多投资人越来越重要的理财方式，在平台发展的过程中也必然会考虑到投资人多样化的理财需求，而 P2P 限于其点对点的模式，不能构建资金池，要形成多样化的理财产品，只能从基础资产入手。

P2P 借贷从最初仅有个人信用借款，到现在既有高收益长期限的企业贷款，又有低风险高流动性的票据业务，资产类别涵盖个人信用贷款、企业信用贷款、抵押 / 质押 / 担保借款、融资租赁、票据等，

P2P 借贷的资产日益朝多元化的方向演进，同时这些资产与 P2P 借贷的对接也增强了产品的丰富度，增加了民间金融整体的活力。

除此之外，P2P 借贷平台还与信托、基金等对接代销其产品，并与货币基金合作开展类似余额理财的服务。精细化管理和多样化业务的开展使 P2P 借贷平台呈现出互联网理财入口的趋势，投资者可在 P2P 借贷中完成不同类别资产的配置。

行业集中度增强

大家已经知道，P2P 借贷平台并不单单只是提供借款者与投资者的信息中介，它还承担着风险控制的职责，因为涉及风险管理，其本身的运作已经逐渐接近于金融机构，需要大量专业人才，甚至一定的进入门槛。

但因为是一种新兴业态，存在监管缺口，P2P 借贷的经营几乎没有进入成本，普通人甚至可以用几千元就买到平台模板，自己搭建平台。据零壹数据资料，2014 年我国可统计的借贷平台已经超过 1000 家，甚至有其他数据显示我国 P2P 借贷平台达到接近 2000 家之多。

P2P 借贷在我国仍属于发展初期，又在很大程度上属于平台型经济，在未来将很可能形成以区域性大平台为主的格局，必然会经历优胜劣汰的残酷阶段。2013 年下半年已经出现了一波平台倒闭潮，这股潮流在 2014 年没有衰减，短期内仍然会延续。

具体到淘汰的原因多种多样：有的风险控制能力不达标，面对大规模违约无力继续经营；有的面对竞争，没有找到合适的细分领域，最终被排挤出市场；也有的可能因为监管规则的出台，达不到规范而被清退关闭。总之投资者在选择平台的时候依然应当注意平台的实力与规模。

更好的用户体验

说起互联网金融领域最著名的产品，“余额宝”的成功与其优秀的产品设计有着密不可分的联系。这也是互联网思维的体现，强调体验至上、用户至上，在大众服务的基础上完成私人订制。这是新的竞争思维和趋势，P2P 借贷理财也将继承这一点。

这种更好的用户体验会体现在方方面面，不仅仅是更好的用户界面，包括刚刚提到的“宝类”业务，平台开发的手机客户端等，都将使投资者以更愉悦、方便、快捷的方式进行 P2P 借贷的投资，同时也拉低了投资者进入的门槛，使得更多的投资人进入这一领域。

更严格的监管

P2P 借贷发展至今，早已经历了无数次如何监管的讨论。面对这种由外国舶来又在本土“异化”的新兴模式，在考虑监管政策动向时既要参考海外监管经验，又要符合我国现实情况。

P2P 借贷的诞生地英国也在 2013 年发布咨询意见后，于 2014 年 4 月份将其监管措施落地，英国的 P2P 借贷平台接受英国金融行为监管局（FCA）的监管。主要从最低资本要求、客户资金规则、信息披露等方面进行规范。虽然我国与英国的监管体系与机制不尽相同，但其细则中的条款已经与目前的监管风向表现出一定的一致性。（关于FCA监管细则详情，可参看《中国P2P借贷服务行业白皮书2014》的附录。）

目前，我国的P2P借贷行业还处于无门槛、无标准的状态。以业态发展至今的情形来看，监管层对其表现出了极高的容忍度。但考虑到P2P借贷平台虽然是信息中介，但也具备金融机构的功能。应当设定适当的门槛，比如效仿英国设置最低资本金限制。另外也有监管层人士在公开场合主张对互联网金融企业采用注册制的准入管理。

信息披露要求是金融监管的一条重要原则，在众多讨论中，信息披露也是大家不约而同提到的问题。目前我国P2P借贷行业几乎没有主动信息披露的实践，甚至有隐藏信息、走向封闭的趋势，整体情况十分混乱。这无论是对平台监管，还是对投资人都不是一件好事，更无助于行业规范持续发展。海外关于P2P借贷的监管在这方面也有严格规定，英国除了要披露相关信息，还要定期向FCA提交报告，因此在我国最终制定的相关规则上，应该会有信息披露的体现。

与信息披露不同，在客户资金托管方面，我国各个P2P借贷平台都已经开始付诸实践。这主要是市场需求的体现，也是投资者保护的重要方面。目前大部分P2P借贷平台利用第三方支付做资金渠道和归集的托管，但在实际运作的过程中并不能很好地解决资金安全问题，平台仍有动用客户资金的可能，在最终的政策中，很可能会对其细化要求，彻底杜绝挪用客户资金的可能性。

在监管层发言中，多次提及四条边界，即明确中介性质、不得提供担保、不能搞资金池、不能非法吸收公众资金。这也在某种程度上暗示着监管政策将偏向比较开放的底线监管原则。但这四条边界还较为模糊，也存在一定争论。具体监管规则很可能是以其中的某些边界为基础进行细化。这也是原则性监管与规则性监管的结合，符合当今监管的潮流。

A Handbook for P2P Lending

第二十二章 做一名合格的投资人

钱大部分都追回来，
把咱妈高兴的呀，
现在又选平台去了.哈哈！
有追求！理财女王范！
!!!

“咱妈被骗的案子终于宣判啦。”小零兴高采烈地说。

“结果？”

“钱大部分都追回来，把咱妈高兴得呀，现在又选平台去了，哈哈。”

“有追求！理财女王范！”

“哈哈，别挖苦她了，她说再也不贪便宜了，以后一定理性投资，安全第一。”

“赞！”

“其实她投的大部分还是靠谱的平台，这次亏了点，但是都加起来还是赚了不少呢。”

“真的赚不少，那可以操办婚礼了！”小壹笑眯眯地看着小零。

“什么婚礼，做梦呢你。”

“想赖账？”小壹一手拦住小零，一手举起红色证书。

“那好吧，赶紧签婚前协议，你P2P借贷平台里的钱都是我的！”

“好狠，但是晚了……我的人都是你的了……”

“呸！”小零甩开小壹的胳膊，拿起计算器，开始算账。

婚礼上，小壹牵着一脸娇羞的小零，笑逐颜开。

司仪问：“小壹先生，在这样神圣的时刻，你想对美丽的新娘许下什么承诺，来做一个合格的丈夫呢？”

“……唔，这个……”小壹猝不及防，一时间哑口无言。

“这都答不出来？我反对这门婚事！”阿胡仔开始起哄。

“嗯……”小壹定了定神，坚定地说：“做个合格的投资人。”

“噗~”钱多美把一口酒吐了出来。

"噗~噗~噗~"宾客们紧跟着都把酒吐了出来。

阿胡仔和钱多美的故事

阿胡仔割肉两万元

2013年5月，阿胡仔的朋友小Q在某个2012年成立的老平台"中雷"（行业术语，指P2P借贷亏损或被骗）。小Q越想越郁闷，因为这个平台不是高息平台，也没有不好的传闻在外，每次和别的投资人说起自己中雷的平台，就觉得冤屈。小Q思来想去："既然低息都可能中雷，还不如都投高息平台。"根据"鸡蛋不要放在一个篮子"的格言，小Q一口气把自己十几万的资金打散成接近30份，全部投资到了30个不同的高息平台，小Q心想，这下总不能都跑路吧？

此后，小Q每天会登录30个平台的网站看看情况，虽然比较繁琐，感觉却很稳妥的。但好景不长，恰好碰到了2013年秋季行业倒闭潮，小Q在6家高息平台中雷，这些平台陆陆续续被公安机关立案，小Q每次都去自己社区附近的派出所登记，竟然跟负责登记的警察熟络了，警察一见他的面就说："雷神又来啦。"可怜的小Q只能呵呵。

阿胡仔听了小Q的遭遇之后，除了表面上"深表同情"，经常请小Q喝啤酒吃炸鸡，内心里也想帮（chen）助（ji）朋（fa）友（cai），他对小Q建议说："我看，你就不要自己投了，把10万放在我这里，我帮你去投资，包赚不赔，收益就五五分成。"

小Q正因为自己财商低苦恼呢，立即同意了阿胡仔的建议，第二天就将 10 万块打款给阿胡仔。阿胡仔拿到小 Q 的资金后，心想一定要给小 Q 树个榜样，让他见识一下阿胡仔的卓越投资能力！于是他把小 Q 的资金跟自己的合在一起，精心做了配置，分散投在几个平台。

3 个月后，号称“常在河边走，永远不湿鞋”的阿胡仔竟然也中雷了，2 万块钱眼看打了水漂，也难说清这部分钱到底是谁的。爱面子的阿胡仔不愿意让小 Q 知道自己的窝囊事，加上早就夸下了海口，只能忍痛割肉，自己垫了小 Q 的 2 万块本金。

钱多美得了焦躁症

钱多美进入 P2P 借贷市场较早，针对行业做的功课也比较多。刚开始十分谨慎，诸如平台身份认证都会用 Photoshop 软件打上水印“仅供 XX 平台实名认证”，对平台遇到很多问题，除了会在线咨询，也常常打电话向一些客服询问。投资几个月后也去过一些平台，实地拜访学习，与平台负责人交流的时候都会以稳健投资人自居。

一年后，平台投资人数越来越多，钱多美发现标越来越难投，大家都在社区和 QQ 群开始抱怨：资金闲置严重。QQ 群里很多不知道哪里冒出来的用户，开始提议大家转移平台，钱多美再三思考，最后决定愿意去尝试一下。她挑了一家年化收益率 15% 左右的平台，第一笔借出 3000 块钱。半年之后，发现各方面体验都还可以，高收益并没有遇到高风险。

渐渐的，钱多美不再满足于年化十几的收益，开始尝试年化二十多，甚至三十几的平台。恰逢 P2P 行业井喷式成长，各家 P2P 公司为了招揽投资人，纷纷推出各种优惠活动，比如“充值 1000 免 VIP 费用”、“投资 3 月标，额外赠送奖励 1%”……钱多美计算了下自己的收益，发现七七八八的福利加起来，在新平台投资的收益竟然高达 48%。

现在，钱多美坦称自己为“秒客”、“打新族”，因为发现以前稳健的时候收益低、风险低，现在激进了，风险也不高，似乎没有多大的区别。她最喜欢的一句解释是：“我投的利息高呀，也没有中雷呀，高收益不一定高风险，何况你那收益低，借款人还真不一定就成本低哩。”

一些高息平台陆陆续续出现各种问题，刚开始钱多美还在庆幸自己没有中招，但随着越来越多的媒体报道，钱多美开始坐不住了。毕竟自己投资的几十万都还没收回，万一平台跑路或者资金断裂，自己怎么能承受得起呢？

这种担忧开始让钱多美寝食难安，也加大了对平台的关注程度，一天到晚基本都会泡在网上、QQ 群关注自己投资平台的动向，一旦有了新回款的资金，就会马上申请提现。几次还发生了提现没有及时到账的事情，让钱多美烦躁不已。经历了一连串的折腾之后，总算大部分成果都保住了。

钱多美决定吸取这些教训，重归稳健道路。此后钱多美真是“步步留心，时时在意，不肯轻易多说一句话，多行一步路，唯恐被人耻笑了她去”。为了保证安全，她不仅要每天花足够的时间和精力去关注平台的动向，还无数次联系平台的工作人员，探听消息。

大量的投资考察工作不仅影响了钱多美的文艺探索之路，更让她疏远了对丈夫和孩子的照顾。慢慢的，钱多美性格变得乖戾多疑，情绪十分容易紧张，注意力也很难集中。以至于钱老板经常提醒她：“宝贝，发财的事呢，是不能强求的。所谓吉人自有天相，做人最要紧的就是开心。饿不饿，我给你开副药吃。”

了解自己

一般意义上，我们可以将P2P借贷的投资人分为普通理财人、专业投资人和投机者三类，这个分类并不代表收益的差别，而是根据投资理念、行为准则做出的区分。结合上节的故事，要解决阿胡仔和钱多美所遇到的问题，需要从一个清晰的自我定位开始。

1. 普通理财人

普通理财用户是目前P2P投资的主力军，具有一些典型特点：例如一般只会将P2P借贷作为理财渠道的一种，目的是让闲钱增值，而非通过专业能力博取高收益。普通理财用户投入的时间和精力有限，对于风险与收益的问题不会思考太多，省心、安全是主线。投资的资金量一般在十万元以下。

2. 专业投资人

什么是投机，什么才是投资，这里可以引用格雷厄姆的定义：“投资业务是以深入分析为基础，确保本金的安全，并获得适当的回报；不满足这些要求的业务就是投机。”

国内P2P借贷行业通过这几年的发展已经演化出一批全职专业的投资客，一般可以认为是“聪明的资金”，专业投资人往往有几个原则，比如①对风险的考量十分苛求；②对法律合同的关心格外突出；

③更相信自己的经验和判断而非人云亦云。

专业投资人持有的资金量比较大，但绝对不能认为资金量大就一定是“聪明的资金”，也不是投资时间长就是“聪明的资金”。2013 年发生在南京的优易贷案件中，部分资金量较小的散户误把大户投资人当作“聪明的资金”，纷纷尾随，结果跟着大户一起中招。

专业投资人当然不能完全避免失败和亏损，如同任何投资行业一样，专职研究投资之道并身体力行，不断总结其中的规律，以自身对风险、收益关系的理解，形成独特的投资套路和投资理念，追求长期跑赢大盘而非一时一地的得失，方是专业投资人的本色，也是跟普通理财人的最大区别。

3. 投机者

P2P 借贷投机者，经常被视为行业中的“老油条”，他们深谙平台规则，精于计算，投资哲学较为简单，追逐尽可能多的利益空间而不惜刀口舔血，其中以资金黄牛和打新族为代表。

P2P 借贷行业的资金黄牛还有一个高大上的名字“做市商”。金融市场的做市商主要是为了提高市场的活跃程度，他们通常在一边报出买入价，一边报出卖出价，让买方和卖方都很容易找到交易对手，避免买卖需求匹配不上，导致市场过于冷清。

如果把债权看作证券化产品（可以理解为投了一笔 100 元的标的，相当于持有了 100 元的债券），活跃的市场就需要投资人在想买入债券的时候买得到，想卖出的时候有人接盘，这就需要撮合借款人和投资人。在 P2P 借贷行业，资金黄牛首先发布借款标以比较低的利率获得资金，然后再以高一点的利率借给真正的借款人，它的行为的确跟传统金融市场中的做市商类似。

打新，原来指用资金参与新股票的申购，在 P2P 借贷行业泛指投资新成立的平台。一般情况下，新平台上线会推出很多优惠活动，利率也较高，打新的投机者也正是看到了新平台丰厚的利率，才逐渐流行起来。

投机者追求的是高风险、高回报，在风格上比较激进，需要高超的操作技巧和强大的心理承受能力，能长期坚持下来的投机者很少。有些人具有清醒的头脑，短期投机之后见好就收，能够保住大部分的收益；更多的投机人投机“上瘾”，一发而不可收，最终结果往往是入不敷出，以大面积亏损惨淡收场。但在“暴利”诱惑下，一波一波的投机人前赴后继，因此市场上从来不乏投机者的身影。

因此，作为一个合格的投资人，首先必须明确自己的定位，想一想你投资 P2P 借贷的真正目的是什么？是为了持续改善生活，是要把投资作为职业，还是希望通过投资暴富？不同的答案导致不同的行为方式，投资人一旦想清楚这个问题，就需要时刻以定位约束自己的操作，尽量不要在各个定位之间串来串去。否则，不但芝麻、西瓜都捡不到，更可能亏了辛辛苦苦工作积攒起来的心血。

鉴于大部分投资人都是刚开始接触 P2P 借贷，定位最适合做普通理财人，因此不仅要避免像专业投资人那样牵涉大量资金和精力，更要避免投机人的赌徒心态，保持平常心，不做超越自身能力和初衷的事情，相信细水长流、积沙成塔的道理。

调整心态

心态养成，学会控制自己的情绪

投资理财的过程，其实是一个自我了解的过程，而风险控制的过程，也是控制人性弱点的过程。在故事一中，小 Q 的现实遭遇与自己对风险的认识相矛盾，让他对原有的投资理念产生了质疑，心里也有些不平衡。小 Q 否定了过去的策略，貌似在与市场赌气，实际上是在跟自己赌气。

市场的发展规律不会以某个人的情绪而发生变化，投资几乎必然会遭遇亏损，但因为一次亏损就全盘改变自己的稳健投资理念，迈向投机的极端，实质上是无法克服自己的贪婪与恐惧。这种现象在其他投资市场也很常见，比如一只看好的股票被套牢，索性割肉买了一堆自己以前都没听过的股票，最后遇到经济下行，股票市场整体不景气，损失更加惨痛。

这里突出了保持平和心态的重要性，小 Q 原来的投资策略是有一定合理性的，比如利息较低、负面信息较少。长期坚持下去，小 Q 当然发不了“大财”，但是整体还是可以获得不错的收益。遗憾的是，小 Q 没能很好地控制自己的情绪，彻底推翻自己的策略，从一个偶然的失败走向一个必然的失败。

恐惧和贪婪是投资的大敌

因为贪婪和恐惧作祟，故事二中的钱多美长期处在惶恐的情绪之中，虽然最终并没有造成大的损失，但已经干扰了她的家庭和生活。恐惧与贪婪让人们在股市追涨杀跌，失去理智；也让人们在 P2P 市场高收益的时候疯狂追加投资，负面信息较多的时候担惊受怕，惶惶不可终日。这两种情绪主宰下的投资理财行为，往往会产生不理性的操作，更会蔓延到投资理财之外的领域。

与贪婪和恐惧相伴的，是虚荣。成功的投资往往让人产生错觉，认为自己比市场中其他人都聪明，炫耀、卖弄是虚荣的共性。吹牛吹得多了，自己都信了，在任何投资行业都存在。这里，贪婪贪的是别人的认可和赞美，恐惧恐的是别人的批评和讥讽。故事一中的阿胡仔就在这点出了问题，导致不得不承担额外的损失。如果阿胡仔不卖弄自己，不替小 Q 投资，输赢都是自己的钱，他的投资心态也会好很多吧。

理性投资

不要做超出自己能力的事情

投资市场瞬息万变，前一秒钟的百万富翁，下一刻就可能身无分文。P2P 借贷市场虽然没有外汇市场、期货市场那么跌宕起伏，但就目前环境而言，碰上坏账、跑路的几率还是有的。尤其是当前处于平台倒闭高发期，一些追求高收益的投资人往往意识不到潜藏的风险，中雷之后追悔莫及。

对于风险的认识和判断，是比较专业的事情，并且因人而异。在这种情况下指导、鼓动别人操作，很容易带来情感负担。投资人往往把成功归功于自己的聪明，而把失败归罪于别人的干扰。为了避免情感和道德上的尴尬，无论对于生人还是朋友之间的尴尬，投资人都切记一点——“不指导、不鼓动”。

而代人操作、替人理财，甚至承诺收益，更是非常危险的行为。一般投资人并不具备这些能力。代理资金量小的时候，出了问题尚可应付。一旦资金量偏大，闹出官司是小事，亲戚疏远、朋友反目、生活不得安宁，就完全违背了投资理财的初衷。在理财过程中一定要避免阿胡仔这样的代人投资行为。

控制规模、杜绝杠杆

有些人尝到 P2P 借贷投资的甜头之后，很快就会加码资金，越加越多，不但把自己的闲钱都投进去，还找别人借钱投资。这种做法同样非常危险，如果本金是暂时不会用的闲钱，投资人的心态一般会比较平和，可以仔细挑选平台，更加注重安全性而较少贪图蝇头小利。

但是投资人一旦想方设法“挤钱”投资，而生活中又难免有突发情况需要用到钱，心态就会有所变化，此时短期获利、快进快出的倾向明显增加，实际上已经大大提高了风险程度而不自知，导致的结果是盲人骑瞎马，夜半临深池，等忽然发现自己处于危险之中，为时已晚。

而借钱投资更涉及了资金杠杆的概念，杠杆可以理解为一个放大器，就是让你如果赚钱能赚更多的钱，亏钱同样亏更多的钱。阿胡仔借用小 Q 的钱进行投资（尽管表面上看是小 Q 委托给他的，实质与借钱一样），其实就是一种杠杆。假设阿胡仔自己有 10 万块，借了小 Q 10 万块，赚钱就能多赚一倍，赔钱也多赔一倍（考虑到小 Q 的 10 万块收益是五五分成，每次阿胡仔能多赚、多赔一半）。

统计学上有个很有意思的结论叫“赌徒输光原理”：在一次赌博中，任意一个赌徒都有可能会赢，谁输谁赢是偶然的。但只要一直赌下去，输光却是必然的。如果只用自己的钱投资，相当于 1:1 的杠杆，而杠杆比例增大的话，输光的时间就会提前。P2P 借贷市场很难因为杠杆产生成倍的收益，但出现损失的情况下，一定会产生成倍的损失。

按需规划、顺时而动

获得更高的安全收益，几乎必然意味着投入更多的精力，这就需要在精力与收益之间进行合适的折中。有的投资人把理财作为一项调剂，不强求、不苛求，只投自己看得懂的平台和标的，顺其自然，不亏就行。实际上是一种洒脱、豁达的超然心态，无论获得的收益是高是低，心情快乐最为重要。

对于行为更严谨、更注重回报的投资人来说，全面的规划就必不可少了。这里的规划既包括时间上的，也包括资金上的。时间的规划主要指你打算每周花多少时间在投资理财上，也包括根据不同时间段调整自己的理财计划。

对于年轻人来说，由于收入较低，对资金的渴求程度较高，风险承受能力强。即使一时有亏损，还有足够的时间把这些钱赚回来。因此可以适当提高 P2P 借贷投资在投资总额中的比例，但如我们一再强调的，普通理财人的风险偏好再高，再渴望发财，也不建议拿超过

50% 的闲钱投资 P2P 借贷。

随着年龄的增加，收入增加，资金的安全逐渐会超越收益成为理财人重点考虑的内容。尤其是随着儿女出生、父母退休，理财人的花费增加，需要用钱的时候变多。此时应逐渐减少投资 P2P 借贷的比例，把更多的钱投入更加安全、易收回的领域，确保资金的顺畅流动，避免因为贪图收益导致的资金紧张和生活不便。

在资金规划上，应该切实注重风险的分散，包括：

（1）选择不同的借款期限进行投资。

P2P 借款标的的期限涵盖了天、月、年等丰富的类型，投资者可以根据自己的生活规划进行合理搭配，一方面避免过多投资于同一类期限标的带来的集中风险，另一方面可以维持一定的现金流，灵活调整投入金额，避免需要用钱时却无钱可用。

（2）选择不同类型的平台进行分散投资。

选择不同的平台经常意味着选择不同的资产类型和风险类型。单一平台的标的经常面临同质性、周期性以及行业性风险，在不同平台上进行投资，就是要分散这些系统性风险，实现风险隔离。不同平台的利息有高有低，对于投资收益我们不应该只看一笔投资，而应该看长时间的真正收益，而分散投资的威力正在这里。

（3）选择 P2P 借贷之外的投资品。

总体来说，P2P 借贷属于高风险、高收益的投资品。投资人不应只关注于这一类投资品，而应对闲散资金进行全面配置。例如存款、货币基金、债券、保险等，都有其投资价值。在更广泛的投资品类别中进行投资，意味着风险的进一步分散。建议 P2P 借贷“上瘾”的投资人不要忽视其他低风险类别的投资。因为很多时候，投资市场比拼的不是谁多赚钱，而是谁少亏钱。行情好的时候比别人少赚 1 块，行情差的时候比别人少赔 2 块，你的最终投资收益仍然有可能保持正值，并超过那些所谓的“牛市”专家。

生活比投资更重要

人生的路很长，能做理财投资的机会也很多，一个机会丢失了，不用可惜，投资理财的好机会多得是。但如果一种理财或者投资已经影响到了自己正常的生活，那就不是一个好机会。

在生活和金钱之间，我们经常面临选择，每次选择似乎都是那么纠结、关键。但过去一段时间回头来看，似乎远远没有那么的重要。就像渔夫和 MBA 商学院学生的故事，如果你已经享受着一份平和、幸福的生活，还需要放弃这种生活，去追求更多的金钱吗？

在 P2P 借贷投资乃至其他投资理财过程中，如果你能感受到财富增长之外的快乐，那就去努力学习、实践，甚至改行做专业投资人都不是什么见不得人的事情。反之，如果你想到投资就头疼，提到理财就牙疼，那就忘记它们，去做你真正喜欢的事情。毕竟兴趣才是最大的动力，快乐方是生活的根本。

你看看人家小壹，P2P 借贷投资重要么？赚了赔了重要么？人家找到女朋友了，结婚了。固然，小两口因为谁买房子谁买车，房子写谁名孩子随谁姓也颇斗争了一番，甚至差点婚前公证了 P2P 投资资金。但是在爱情面前，这都不算事。真可谓：金风玉露一相逢，便胜却人间无数。

当然，你不一定非要找名叫小零的女同学，至于在找女朋友这件事上谈分散投资，嘿嘿……

附录一
研究合作单位简介

合拍在线

深圳市合拍在线互联网金融服务有限公司，创立于 2012 年年初，构建的在线 P2P 平台——合拍在线（www.he-pai.cn），于当年 6 月份正式上线运营。

正式上线 2 年，合拍在线累计交易额即突破了 65 亿元大关，晋升全国 P2P 网贷平台前列。伴随着品牌和规模效益的树立，合拍在线交易额还正在以年 300% 的惊人速度实现爆炸式增长。合拍在线的成长得益于精准的客户定位和庞大的市场需求，依托个性化的线上产品设计、线下合作担保机构分布全国的网点，创新的 O2O 线上线下结合模式、严谨的风险控制体系以及便捷的用户操作体验。

成立以来，合拍在线先后成为深圳市企业联合会、深圳市企业家协会理事单位；广东省小商品协会理事单位；中国小额信贷联盟会员；中国互联网金融工作委员会会员以及深圳市互联网金融协会创始会员单位。并于 2013 年先后获得了“中国网络借贷金融服务十大影响力品牌”、“企业信用评价 A 级信用企业”、“CCTV 中国影响力品牌企业”、“2013 年中国互联网金融新锐企业”、“中国自主品牌成长 100 强”等多项业界荣誉。

在 2013 年 11 月，作为广东区域有代表的互联网金融企业，接受了来自于央行、财政部、银监会、证监会、财政部、国务院法制办等八部委的联合现场调研。

宜信公司

宜信公司是一家集财富管理、信用风险评估与管理、信用数据整合服务、小额贷款行业投资、小微借款咨询服务与交易促成、公益理财助农平台服务等业务于一体的综合性现代服务业企业。目前已经在 100 多个城市和 50 多个农村地区建立起强大的全国协同服务网络，为客户提供全方位、个性化的普惠金融与财务管理服务。创建于 2006 年，总部位于北京。

2010 年 4 月，国际顶级创业投资机构 KPCB 对宜信进行了千万美元级的战略投资（KPCB 曾投资谷歌、亚马逊、美国在线等企业）。2011 年，IDG 资本和摩根士丹利亚洲投资基金（MSPEA）与宜信公司达成战略合作协议。这两家机构携手于 2010 年年初加入宜信的 KPCB，联合向宜信注资数千万美元，并将它们在过去数十年投资金融与高科技等行业，帮助不同阶段企业成长的成功经验带进宜信，助力普惠信用和财富管理在中国的发展。这是宜信与国内外顶级投资机构的第二次合作，彰显了资本市场对于宜信在过去所取得成绩的肯定，以及对宜信所从事业务的发展前景的高度认可。

宜信的创新模式帮助千万小微企业主和几亿贫困农户建立信用，释放信用价值，获取信用资金，并为他们提供培训等增值服务。

嘉银金融服务有限公司

你我贷 P2P 互联网投融资平台成立于 2011 年 6 月，系上海嘉银金融服务有限公司旗下品牌。主要提供信用咨询、评审、推荐和资金调剂对接等一系列相关服务，在借款者和出借者之间搭起资金调配的桥梁。“你我贷”开创性地以“资金红娘”的身份，借助广泛高效的网络媒介，调剂资金富余方与资金需求方的资金融通，满足双方的共同需求，实现双方的共赢。

本着“帮助他人，快乐你我”的初心，你我贷在创立之始，就把信用管理和风险控制放在首位。几年来，通过平台对接的资金深入到中国最广大的二三线城市、乡镇地区及农村，帮助了那些急需融资发展的小微企业家和个体工商从业者。你我贷的服务已覆盖了全国 30 余个省市的 100 多个城市和地区，服务了几十万名客户。目前你我贷已经成长为国内规模最大、最有实力的 P2P 网络借贷平台之一。

你我贷发展至今获得了多项行业殊荣，2012 年公司被上海市经信委评选为“上海中小企业融资服务优秀合作伙伴”，2013 年，公司继续蝉联这一荣誉称号。2014 年，公司获得 2013 中国“最佳小额信贷服务平台”奖、2013 互联网金融新锐企业 50 强、中国互联网金融领军榜百强品牌、2014 年优秀 P2P 借贷服务平台机构等；另外，你我贷还是中国小额信贷联盟会员单位、中国小额信贷机构联席会理事单位、上海现代服务业联合会副会长单位、上海新金融服务业联盟秘书长单位以及上海市信息服务业行业协会理事单位等。

附录二
零壹数据简介

零壹数据

零壹数据是由零壹财经开发的国内第一个互联网金融数据中心，目前涵盖了 P2P 借贷、众筹融资等互联网金融领域的交易与统计数据。其中 P2P 借贷机构信息超过 1000 家，基础数据超过 10 亿条，形成了可实时量化分析的数据工具，为投资人、科研机构、政府部门提供精准的数据信息服务。

P2P 借贷行业数据主要包括四部分：

（1）运营性数据。

（2）借款人数据。

（3）投资人数据。

（4）风险数据。

运营性数据包括：

（1）成交量：借款标的总笔数。

（2）成交额：借款标的总金额。

（3）平均利率：单位时间内借款标的平均年化利率。

（4）笔均借款额：平均单笔借款金额。

（5）笔均投资额：平均单笔出借金额。

借款人数据包括：

（1）借款人数量：单位时间内参与借款的人数。

（2）人均借款金额：平均每个借款人的借款金额。

（3）借款人地域分布：各个地区的借款人数量与比例。

投资人数据包括：

（1）投资人数：单位时间内参与出借的人数。

（2）人均投资金额：平均每个投资人的投资金额。

（3）满标效率：每笔借款标的从发标到满标耗费的平均时间。

风险数据包括：

（1）逾期人数：某个时间段内，某 P2P 借贷平台的逾期人数。

（2）逾期率：逾期总额与当前贷款余额之比。

更丰富的数据指标，尽在零壹数据！ http://data.01caijing.com。

后记
P2P 借贷理财之路

小零和小壹成功迈入婚姻的殿堂，我们的P2P借贷投资人手册到此也接近尾声。如同婚姻只是人生新阶段的开始，投资理财路学无止境，对很多人来说，它不是一时的事情，将会伴随漫长的生命历程，成为日常生活的一部分。

在投资理财的汪洋大海中，P2P 借贷还只是一朵浪花，且不说目前的交易额不过几千亿元，即使发展迅猛，短期内也远远比不上信托、股票、保险和存款等传统品种。然而，就是这样一个市场，借助互联网催生的金融创新和金融普惠化潮流，让很多人第一次尝试到了“我的投资我做主”的新鲜滋味。

毋庸讳言，P2P借贷的“自由化”导致了行业野蛮生长，乱象丛生，不断上演着一幕幕悲喜剧。这里有将信将疑的小白，有一掷千金的土豪，有锒铛入狱的骗子，有别开财路的掮客。一切在别的投资领域发生的故事，或美好，或丑陋，都毫无例外地在这里重演，单曲循环，周而复始。

有人说在这里看到了人性，有人说在这里体会到了人生，个中滋味，冷暖自知。或许在资本市场和金融大鳄看来，无论多么惊天动地、铭心刻骨的故事，在如此狭小的市场里，都不过是江湖小儿女的浅吟低唱罢了。外面的广阔天地、风云际会，才是真正的英雄用武之地。

我们相信，会有一批 P2P 借贷投资人进军更为广阔的市场，如同余额宝激发了大量网购一族的理财欲望，P2P 借贷也激活了很多草根一族的投资意识，他们在此接受第一次理财教育，通过亲身实践体会风险与收益的关系，为以后多样化的互联网投资理财之路铺下第一块跳板。

投资理财就像潘多拉的魔盒，一旦打开，没有人知道它会爆发多大的能量，尤其是 P2P 借贷投资的参与感远远超过其他互联网理财方式。而众多 P2P 借贷投资人，即使是从昨天才开始投资，也同样在见证着行业的成长。把平生第一次理财教育与一个新兴的行业相结合，本身就是一件激动人心的事情。

作为本书撰写者和行业研究者，我们同样是 P2P 借贷投资的参与者。小零、小壹的故事并非全然虚构，阿胡仔和钱多美更有原型。尤其令我们无地自容的是：即便自认为了解行业、熟悉平台，我们依然踩过雷、中过招、亏过钱。这当然出于贪婪，出于自负，或者，呃，用本书作者之一最喜欢说的一句话“出于人性”。

然而，正是这些踩雷中招的经历，使我们觉得有必要写作一本有关 P2P 借贷投资的书，目的不仅仅在于介绍我们的惨痛经历，更在于让更多人了解这个行业，了解投资理财的基本知识——甚至不仅仅局限于 P2P 借贷。

因此，我们不回避平台跑路事件，不遮掩投资风险，不虚美、不隐恶。甚至在写作过程中，我们曾多次讨论：这是满满的一桶负能量啊、负能量！会不会吓走投资小白，会不会招来行业泼漆呀？（小零对此尤为担心，因为她喜欢穿白衣服……）

最终，是对行业的长期观察给了我们底气：

我们看到一些 P2P 借贷平台为了满足那些“银行服务不了或服务不好”的金融需求而积极开拓、不断创新，优质平台逐渐积累了自己的核心业务能力，开始给它的投资人带来丰厚回报。

我们所做的，就是把其中的风险充分揭示出来，让那些知道的、不知道的、好奇的、感兴趣的投资人远离陷阱，尽量处于安全之列。因此，在一本正经的字里行间，伴随着大 BOSS 的声声叹息（他最胆小），我们不断感受到另外一股能量，这种能量不但支撑着我们的写作，支撑着我们的讨论，而且让写作与讨论成为一件越来越愉悦的事情。

“这是啥能量？”小零问。

很久之后的一天，小壹忽然说了句：“这叫欢乐理财！”

我们都愣住了，忽然阿胡仔开始鼓掌，接着大伙一起鼓掌——为这个俗不可耐的口号鼓掌。我们来自四面八方，我们钱多钱少，我们赚钱赔钱。但是，最终我们有很多欢乐！这种欢乐源于经历，源于知识，源于分享，源于成长，源于 P2P 借贷把大家牵在一起。

它更源于自由、便捷、新奇的深度参与式互联网投资体验。

不信？搜索“零壹网贷助手”微信公众号，来辩！

本书全体作者 谨上

图书在版编目（CIP）数据

P2P借贷投资人手册／零壹财经 著. —北京：东方出版社，2014.9

ISBN 978-7-5060-7770-5

Ⅰ.①P… Ⅱ.①零… Ⅲ.①互联网络-应用-借贷-手册 Ⅳ.①F830.5-39

中国版本图书馆CIP数据核字（2014）第224332号

P2P借贷投资人手册
（P2P JIEDAI TOUZIREN SHOUCE）

作　　者：零壹财经
责任编辑：徐　玲　赵陈碑
出　　版：东方出版社
发　　行：人民东方出版传媒有限公司
地　　址：北京市东城区朝阳门内大街166号
邮政编码：100706
印　　刷：北京京都六环印刷厂
版　　次：2014年10月第1版
印　　次：2014年12月第2次印刷
印　　数：8 001—11 000册
开　　本：880毫米×1230毫米　1/32
印　　张：9.75
字　　数：152千字
书　　号：ISBN 978-7-5060-7770-5
定　　价：39.00元
发行电话：（010）64258117　64258115　64258112